Philippe DESCHAMPS

L'ITALIE

La Patrie des Arts — La Perle de l'Occident
Le Jardin de l'Europe

LES EXPOSITIONS DE ROME-TURIN

EN 1911

DÉDIÉ
A SA MAJESTÉ
LE
ROI VICTOR EMMANUEL III

L'ITALIE

La Patrie des Arts
La Perle de l'Occident
Le Jardin de l'Europe

La Rome Antique.
La Rome Moderne.
Le Cinquantenaire de la Proclamation du Royaume d'Italie.
L'Apothéose de l'Unité Italienne.
La Résurrection de l'Italie.
Les Expositions Universelles de Rome-Turin en 1911.

ROME — FLORENCE — MILAN — TURIN — VENISE — NAPLES
GÊNES — BOLOGNE — VÉRONE — PISE — PAVIE
PARME — CAPOUE — CAPRERA — LA SICILE
ET LA SARDAIGNE

A SA MAJESTÉ

VICTOR EMMANUEL III

Roi d'Italie

Evviva Il Re
Evviva la Regina Elena
Evviva l'Italia

Très respectueux hommage de l'Auteur,

PHILIPPE DESCHAMPS,
Trésorier de la Ligue Franco-Italienne de Paris.

Rome, la Ville Eternelle

Rome fondée il y a 2.664 ans fut longtemps la maîtresse du Monde. C'était la demeure des Papes qui y régnaient. Depuis 1871, Rome est devenue la Capitale de l'Italie, la résidence du Roi et le siège des pouvoirs publics.

L'Italie, mère du génie, patrie des arts, est l'éducatrice des belles âmes ; c'est dans la Rome antique que nos jeunes peintres vont s'inspirer, s'élargir l'esprit, en l'imprégnant de beauté et d'idéal. On va dans la grande cité Romaine contempler les chefs-d'œuvre de l'art que les siècles y ont accumulés, et porter au génie latin l'hommage de la gratitude que lui doivent les générations françaises.

Les héritiers de l'antiquité ont marché à pas de géant, l'Italie rénovée est devenue une grande puissance. J'ai revu ses ruines antédiluviennes d'où sont jaillies ses gloires. Pour la comprendre et l'aimer, il faut avoir l'âme aussi large que son histoire.

Que de souvenirs glorieux elle évoque ! Jules César qui conquit la Gaule et vainquit Pompée y figure auprès de saint Pierre auréolé de son martyre.

L'Italie exalte l'âme, éveille l'intelligence, délecte les sens ; elle est l'enchanteresse de la nature, le joyau de l'Europe.

Partout l'Italie nouvelle a surgi des flancs de l'Italie ancienne.

Depuis 1871, c'est-à-dire depuis l'heure mémorable où elle entra en possession de sa capitale historique, la seule qui pût lui convenir, la seule qui symbolisât l'unité enfin conquise ; la Péninsule s'est extraordinairement transformée.

Son industrie est prospère, ses progrès agricoles sont considérables, sa situation économique est satisfaisante, ses finances progressent d'une manière étonnante.

La population de l'Italie était en 1861, de 21.777.334 habitants, dix ans plus tard, avec l'annexion des provinces vénitiennes et de Rome, elle fut de 26.801.134. Elle est, en 1911, de 34.640.710 habitants.

Encore quelques années, elle atteindra facilement celle de la France qui reste stationnaire.

Rome qui n'avait que 200.000 habitants en compte aujourd'hui plus de 500.000.

Naples en compte 650.336 ; Milan, 580.000 ; Turin, de 180.000 a atteint 360.000 ; Gênes, de 90.000, dépasse 250.000 ; Florence, 206.000.

L'Italie moderne est dotée d'une industrie puissante, d'un commerce considérable qui se chiffrait en 1903 à 3 milliards, en 1909 il a dépassé 5 milliards ! C'est prodigieux.

Le trafic franco-italien, en tant qu'exportations et importations, a fait, depuis la réconciliation des deux peuples, des progrès considérables, et journellement l'on peut constater l'accroissement du chiffre d'affaires entre la France et l'Italie.

Tout contribue à la prospérité de l'Italie : sa situation topographique est exceptionnelle, son climat favorisé, sa végétation hâtive, son sol fécond. La Méditerranée, l'Adriatique, la mer Ionienne, la mer Tyrrhénienne, la Cosde, les fleuves, le Pô, l'Addige, le Tibre et l'Arno, la traversent, les lacs Majeur, de Côme, de Garde, de Trasimène ou de Pérouse, de Bolsena, d'Orta, d'Adda, d'Albano et de Lugano, viennent apporter leurs charmes à la nature idéale de l'Italie.

La Basilique Saint-Pierre

La première visite que l'on fait en arrivant à Rome est d'aller à la basilique Saint-Pierre, réputée pour sa splendeur et ses richesses. Ce colossal monument, construit d'après le plan des architectes Bramante, Palladio, Fontana et Valadier, fut commencé au premier siècle. Tous les papes qui se sont succédé depuis cette époque y ont fait exécuter d'importants travaux. C'est une merveille d'architecture. L'incomparable et majestueuse basilique impressionne tous ceux qui viennent se recueillir sous ses voûtes silencieuses. On y admire les tombeaux des papes, exécutés en marbre blanc par Canova, Bernini, Bartolini, Verrochio et Donatello, qui furent les sculpteurs les plus réputés. Les peintures de la gigantesque coupole sont de Michel-Ange.

Le superbe groupe placé sur l'autel représente la Vierge ayant sur ses genoux le corps mort de Jésus-Christ. Il a été sculpté par Michel-Ange lorsqu'il avait 24 ans, c'est la première manifestation du génie de ce grand artiste qui l'emporte sur tous les sculpteurs, même Canova.

Le monument du pape Clément XIII, mort en 1769, est une œuvre magistrale, le Souverain Pontife a une expression de prière très impressionnante, à gauche la Religion, à droite, le génie de la Mort, à la base deux lions blottis.

Les grandes statues représentant des Saints et des Anges, ont été sculptées par le célèbre Canova. La basilique renferme les plus beaux chefs-d'œuvre de sculpture qui aient été exécutés par les Maîtres, Michel-Ange, Raphaël et Canova.

La statue antique de Jupiter y est vénérée comme un prince des apôtres.

La façade de cette incomparable basilique a été refaite par ordre du pape Paul V en 1615, par l'architecte Maderno. Les treize statues gigantesques que l'on admire sur l'attique représentent Jésus-Christ et ses douze apôtres. Les deux horloges sont de l'architecte Valadier.

Saint-Pierre, de Rome, est le plus vaste et le plus riche des temples chrétiens.

La coupole, qui a **132** mètres de hauteur, est une des plus hautes qui existe au monde. J'en profite pour faire connaître à mes lecteurs les hauteurs des principaux monuments du Monde que je connais.

Hauteurs des Edifices célèbres dù Monde

La Tour Eiffel de Paris	300	mètres
L'Obélisque de Washington	169	—
La Cathédrale de Cologne	156	—
Le Môle Antonelliana à Turin . .	164	—
La Cathédrale de Rouen	150	—
La Pyramide Chéops au Caire . .	150	—
La Cathédrale de Strasbourg . .	142	—
La Coupole Saint-Pierre à Rome .	132	—
Le bâtiment de Park-Kow à New-York	130	—
La Cathédrale d'Anvers	120	—
L'Eglise Saint-Michel de Bordeaux	113	—
La Cathédrale de Chartres . . .	113	—

La Coupole de la Cathédrale Saint-Paul à Londres	109	mètres
Le Dôme des Invalides à Paris. .	105	—
La Tour Asinelli à Bologne. . . .	97	—
L'Eglise de la Trinité à New-York.	96	—
Dôme du Capitole à Washington .	96	—
La Grande Roue de Paris	102	—
Le bâtiment du Monde à New-York	98	—
L'Eglise Notre-Dame de Paris . .	95	—
Le Panthéon de Paris.	80	—
La Balustrade des tours Notre-Dame de Paris	66	—
La Colonne de Juillet à la Bastille.	50	—
L'Arc de Triomphe de l'Etoile . .	49-55	—
La Colonne Vendôme.	44	—
La plate-forme de l'Observatoire de Paris	27	—
Une maison de 7 étages rue Réaumur.	25	—

Les plus hautes maisons de Paris ont 25 mètres de hauteur, tandis que celles de New-York de 26 étages, appelées « Gratte-Ciel », ont jusqu'à 130 mètres de hauteur.

Les Sept Merveilles modernes du Monde

Des sept merveilles du monde dont parlait l'antiquité, le colosse de Rhodes, le phare d'Alexandrie, les jardins suspendus de Babylone, le temple d'Ephèse, le tombeau de Mausole à Halicarnasse et la statue de Jupiter à Olympe, ont disparu et il n'en reste que de vagues et informes débris. Seule la pyramide de Chéops a résisté partiellement à l'effort des siècles et au vandalisme des hommes. Aujourd'hui les merveilles du génie humain ne se comptent plus et il est bien difficile d'accorder la palme à l'une au détriment des autres. Cependant un ingénieur anglais s'est livré à une étude comparative des ouvrages d'art les plus remarquables de l'époque moderne et il a ainsi dressé la nouvelle liste des sept merveilles du monde :

1° Eglise Saint-Pierre à Rome ; 2° Arc de triomphe de l'Etoile, à Paris ; 3° Canal de Suez ; 4° Tour Eiffel, à Paris ; 5° Pont du Forth en Ecosse ; 6° Tunnel du Saint-Gothard ; 7° Les deux transatlantiques *Lusitania* et *Mauretania*.

Je comprends que l'imposante Basilique Saint-Pierre de Rome fasse partie des sept merveilles du monde. Ce colossal et imposant monument est en effet une merveille de l'art sculptural et architectural, ses prodigieuses dimensions, la hardiesse de la hauteur de ses voûtes, confondent l'imagination, tout y est grand, tout y est beau.

Les Catacombes méritent une visite. Elles n'étaient à l'origine que des carrières abandonnées. Elles sont devenues célèbres parce qu'elles servirent de refuge aux chrétiens à l'époque des persécutions. Elles leur fournissaient le moyen de dissimuler leurs sépultures, et de célébrer en secret les offices religieux. Les peintures qui restent, sont intéressantes au point de vue de l'histoire primitive du Christianisme.

Les Catacombes de Naples, de Syracuse et de Paris, méritent d'être visitées.

A Rome, des arcs de triomphe ont été élevés à Drusus, vainqueur des Germains, à Titus, vainqueur des Juifs, à Marc-Aurèle, vainqueur des Marcomans, à Septime-Sévère, vainqueur des Parthes, à Constantin, vainqueur de Maxence. Ancône et Bénevent possèdent aussi des arcs de triomphe remarquables. L'arc de triomphe du Carrousel à Paris rappelle celui de Septime-Sévère à Rome.

Les ruines des palais des Césars sur le Mont Palatin donnent l'idée de l'importance qu'avaient les résidences impériales des Romains. La pyramide de Calo-Cestio est le monument le mieux conservé de l'ancienne Rome. Le Pape Alexandre VII la fit réparer.

Le Palais Royal

Le Palais du Quirinal, construit sur une colline, a été commencé en 1574, d'après les plans de Flamino Ponzio, et sur l'ordre du pape Grégoire VII, qui en fit la résidence des papes. Il a été agrandi plusieurs fois. Ce monument, décoré de superbes peintures, est orné de sculptures remarquables. Les jardins — comme ceux du Vatican — sont vastes, et des fenêtres du Palais, l'on jouit du superbe panorama de la Rome antique et de la Rome moderne. L'œil perçoit à l'horizon, les collines de la Ville Eternelle, les monts Aventin, Sacré, Palatin, Capitollin, Esquelin et Cœlius, ainsi que la colline Janicule, qui se trouve sur la rive droite du Tibre, le panorama de Rome vu du Mont Quirinal est superbe, je n'en ai pas vu d'aussi imposant dans mes nombreuses pérégrinations à travers le monde, où de tous côtés j'ai semé ma vie.

Du haut des monuments les plus élevés, j'ai vu les panoramas de : Paris, Dublin, Londres, Vienne, Berlin, Bruxelles, Madrid, Lisbonne, Budapest, Saint-Pétersbourg, Moscou, Copenhague, Stockholm, Christiania, La Haye, Luxembourg, Genève, le Caire, Alexandrie, Jérusalem, Jaffa, Louqsor, Tripoli, Malte, Alger, Tanger,

Constantinople, Tunis, Chypre, Athènes, Smyrne, New-York, Chicago, Saint-Louis, Boston, Washington, Montréal, Québec et de Toronto, aucune de ces grandes villes n'offre aux touristes un panorama comparable à celui de la Rome antique et de la Rome moderne, vu du Mont Quirinal, du Palais du Vatican et du Mont Pincio.

L'Ecole française de Rome, fondée au Palais Farnèse en 1874, est aux antiquités latines ce qu'est l'Ecole d'Athènes aux antiquités grecques.

Le Palais Farnèse qui sert de résidence à l'ambassadeur de France, M. Camille Barrère, est le plus beau de Rome. Commencé sous le pape Paul III, d'après les dessins d'Antoine de Sangallo, il fut achevé par son neveu, le cardinal Farnèse, sous la direction de Michel-Ange, en 1526. Les matériaux proviennent du Colosséum et du Théâtre de Marcel. La Cour d'honneur est superbe, les escaliers magnifiques. Les fresques du premier étage ont été peintes par Caracci et ses élèves.

Du mont Pincio, une des sept collines de Rome, on jouit d'un merveilleux panorama. Lorsque la France s'empara de Rome, ce mont fut transformé en promenade publique d'après les dessins de l'architecte Valadier.

En résumé, la ville aux sept collines — comme Constantinople — réserve bien des surprises à ceux qui viennent la visiter et les Français se rappellent que le général Duphot fut assassiné à Rome en 1797.

Les environs de Rome ont un charme et une poésie extrêmes. Le calme solennel et mystérieux de sa campagne, si chère aux artistes, la beauté de ses lacs et de ses bois, consacrés jadis aux divinités des forêts, ses collines admirables remplies de villas somptueuses, ses montagnes verdoyantes aux merveilleux panoramas, ses ruines imposantes, évocatrices du passé, tout concourt à séduire les touristes.

La dernière journée de mon séjour à Rome fut consacrée à la visite des musées, de l'admirable chapelle Sixtine, du musée du Vatican qui renferme des trésors inestimables et de l'incomparable bibliothèque du Vatican qui fait l'admiration des visiteurs.

Rome! c'est l'évocation de l'antiquité avec tous ses souvenirs, quel coup d'œil du haut du Capitole et du pont Milvius sur le Tibre, à deux kilomètres de Rome. C'est par ce pont légendaire que l'on arrivait à Rome. C'est là que les troupes de Constantin sont venues se heurter à celles de Maxence en 312, et que le Christianisme a conquis Rome ; c'est par là que les hordes barbares ont envahi la Ville Eternelle, et c'est par là que Beaumont, l'aviateur français, a opéré sa descente d'aéroplane à Parioli-Aviation le 31 mai 1911, date qui restera glorieuse dans l'histoire de l'Aviation. Beaumont a consacré le vieux proverbe : « Tout chemin mène à Rome ».

Le Cinquantenaire de la Proclamation du Royaume d'Italie, 1861-1911.

1861 fut pour l'Italie le commencement de sa régénération.

1911 est l'apothéose de sa résurrection et le triomphe de sa foi monarchique. C'est pour fêter dignement ce cinquantenaire mémorable que l'Italie, la Patrie des Arts, la Perle de l'Occident, a organisé une Exposition universelle.

Toutes les nations du monde y ont pris part pour assister à l'épanouissement de sa gloire, au succès de ses progrès, à la solidité de sa puissance, à la réalisation de ses idéalités, à sa prodigieuse évolution à travers les âges, à son passé glorieux, ainsi qu'à sa prospérité industrielle et commerciale qui assure désormais son avenir.

L'Italie a fait depuis cinquante ans des progrès immenses. Elle a créé de toutes pièces une armée, construit une flotte, consolidé ses finances, enrichi ses villes, bâti des écoles, multiplié son commerce, provoqué un grand mouvement industriel, etc. C'est pourquoi elle a eu le très légitime désir d'inviter les peuples du monde entier à venir la visiter au cinquantenaire de la fondation du royaume actuel.

Mais tous les efforts accomplis avec succès dans la vie moderne n'ont, toutefois, pas fait oublier à l'Italie qu'elle est, depuis près de trois mille ans, le foyer de la civilisation occidentale.

Il fallait donc montrer l'Italie artistique, archéologique et ethnologique, à côté de l'Italie industrielle, commerciale et moderne.

Or, deux villes s'imposaient au choix du gouvernement italien : l'une était naturellement *Rome*, l'autre *Turin*. Rome, en effet, était toute désignée pour l'Exposition universelle d'art, d'histoire, d'archéologie, de musique, de peinture et d'ethnologie. Turin, de son côté, devait être le centre de l'Exposition de l'industrie, du commerce, des arts décoratifs et de toutes les richesses de la vie moderne, d'abord parce que c'est, en Italie, un centre industriel de tout premier ordre, ensuite parce que cette antique capitale du Piémont fut le point d'où partit le signal de la résurrection de l'Italie.

Rome-Turin : ce n'est donc pas seulement la réunion fraternelle de deux capitales, c'est encore un symbole historique, le symbole du mouvement accompli par cette épopée qu'on appelle le *risorgimento*, dont le point de départ fut Turin et Rome le point d'arrivée.

Dans les deux cités il n'y a eu qu'un seul but poursuivi sous deux formes différentes : Il s'agissait de montrer au monde entier ce que l'Italie a fait depuis cinquante ans, d'une part pour conserver le patrimoine de gloire laissé par vingt-cinq siècles d'histoire ; d'autre part, pour démontrer que l'Italie a marché dans la vie moderne au même rang que les nations les plus avancées.

Proclamation des Maires de Rome et de Turin

Italiens !

Le 27 mars 1861 est une des dates les plus mémorables de la vie de notre Patrie.

La troisième Italie, dans la sûreté hardie de son sort, dans le courage d'une volonté inéluctable, en face du monde entier, par la bouche de ses représentants, affirmait solennellement son existence, son unité, ayant pour capitale, Rome, la Ville Eternelle, berceau de sa civilisation, centre et cœur de ses nouvelles destinées.

Et le destin s'est rempli ; le cinquantenaire du jour mémorable doit être dignement célébré, afin que l'Italie d'aujourd'hui rende hommage aux précurseurs et s'affirme telle qu'elle est à la vue de la civilisation.

Et l'affirmation solennelle de l'unité nationale ne devait pas et ne pouvait pas s'exprimer sans réunir, dans la pensée et dans l'action, le passé et le présent, la capitale d'alors — Turin — celle d'aujourd'hui — Rome — liées ensemble pour commémorer les fastes livrés à l'histoire et en tirer les auspices pour l'avenir.

Rome et Turin, fraternellement unies dans ce dessein, symbole et affirmation de la Patrie unifiée, se disposent à illustrer en 1911 la date propice, en montrant aux nouvelles générations le chemin que le Pays parcourut depuis le jour où le Parlement Subalpin proclama qu'il était reconstitué dans son unité de Nation.

A la métropole du Piémont, fort et industrieux, la tâche de réunir, dans une Exposition internationale industrielle, les manifestations variées de l'activité économique : à Rome, phare de la pensée italienne, la tâche de rassembler, avec des expositions patriotiques, historiques, artistiques, la conception qui dirigea ces activités économiques, en les harmonisant avec la prospérité et le progrès de la Nation.

A la fête commémorative et patriotique les deux villes sœurs associeront les peuples, qui s'avancent sur le chemin de la civilisation humaine, de façon que les concurrents et les rivaux de la lutte pacifique et féconde des sciences, des arts et des industries, soient eux-mêmes participants et spectateurs des gloires de la Nation renouvelée.

Au nom de l'Italie, de sa résurrection à une

troisième civilisation, certains des destins nationaux, et se souvenant du chemin parcouru, nous invitons les Italiens, nous invitons les peuples civilisés à commémorer, en 1911, à Rome et à Turin, le cinquantenaire du 27 mars 1861.

Les Expositions Universelles

Les Expositions de Rome-Turin organisées en l'honneur du Cinquantenaire de la Proclamation du Royaume d'Italie.

L'Exposition universelle de Rome-Turin est la 28e qui a lieu depuis 1851.

Londres	1851
Paris	1855
Londres	1862
Paris	1867
Vienne.	1873
Lyon	1873
Philadelphie	1876
Paris	1878
Sydney	1879
Melbourne	1880
Amsterdam	1883
Anvers	1885
La Nouvelle-Orléans . . .	1885
Barcelone	1888

Copenhague	1888
Bruxelles.	1888
Paris	1889
Chicago	1893
Bruxelles.	1897
Paris	1900
Hanoï	1903
Saint-Louis d'Amérique . .	1904
Liège	1905
Marseille.	1906
Milan	1906
Bruxelles.	1910
Rome-Turin	1911

Les principaux Organisateurs et Collaborateurs de l'Exposition de Rome.

Le Comte di San Martino Valperga, président effectif.

Le professeur Guido Baccelli, président honoraire.

Le Commandeur Riceri, directeur.

Le Chevalier Henri Rossi, président du Syndicat des correspondants, directeur de l'Office de la Presse.

Le Comte Nico Mantegazza, commissaire pour les rapports avec l'étranger.

Le Chevalier Bonelli, chef du Secrétariat de la Présidence.

M. Rodolphe Lanciani, coordonnateur.

M. Jules Giglioli, secrétaire.

Le Colonel Mariano Borgatti, organisateur de l'exposition rétrospective du Château Saint-Ange.

Le professeur Loria, coordonnateur de l'exposition ethnographique.

M. Bazzani, architecte du Palais des Beaux-Arts.

L'Inauguration de l'Exposition de Rome

Le Cinquantenaire de l'Unité Italienne, 1861-1911

C'est le 27 mars 1861, que le Comte Cavour, qui allait mourir quelques mois plus tard, faisait proclamer par le premier Parlement italien encore réuni à Turin le principe de « Rome Capitale ».

L'unité de l'Italie, à laquelle la France avait tant contribué, était faite. L'Italie tout entière a célébré le cinquantenaire de cette grande date de l'Histoire.

Et le 27 mars, jour anniversaire de la proclamation de l'Unité Italienne, l'Exposition ouvrait ses portes avec une exactitude qui fait honneur au Comité Exécutif et à son distingué président, le Comte de San Martino Valperga.

Le printemps a voulu être de la fête, et c'est par une de ces radieuses journées dont la « primavera » italienne a le monopole que Leurs Majestés le Roi et la Reine ont fait leur entrée à la Vigna Cartoni où les attendaient toutes les notabilités du monde diplomatique, politique, administratif et militaire, les commissaires généraux étrangers, mêlés aux artistes, aux littérateurs, aux journalistes du monde entier.

A dix heures, la cloche historique de la tour capitoline sonne : c'est le signal que le cortège royal a quitté le Quirinal pour se rendre au Capitole.

Des fenêtres des trois palais historiques du Capitole, le Senatorio, le palais des Conservatori et celui des Musées, pendent des tapisseries anciennes. La salle du Sénat, débarrassée des sièges, présente un coup d'œil imposant. Dans le fond se dresse le trône royal, et les côtés sont ornés des drapeaux des quatorze quartiers de Rome. Au milieu sont placés les bustes en marbre de Victor-Emmanuel II, de Mazzini, de Cavour et de Garibaldi.

Le maire, entouré des conseillers municipaux, des présidents de la Chambre et du Sénat, du président du Conseil et de tous les membres du gouvernement, va attendre les Souverains à l'entrée du palais des Musées.

A dix heures et demie, le Roi et la Reine font leur entrée, suivis du duc d'Aoste, du comte de Turin, du duc de Gênes et des ministres.

Dès que les Souverains ont gagné leurs places, les présidents du Sénat, de la Chambre et le maire de Rome lisent leurs adresses.

Le Roi prend la parole. Il adresse d'abord un salut aux représentants du Parlement et des municipalités, symboles vivants de l'unité politique indissoluble. Il évoque la mémoire des penseurs, des héros, et des martyrs qui contribuèrent à l'unité italienne.

De cette réunion nationale de nos cœurs jaillit, irrésistible et chaleureux, le serment de rendre l'Italie toujours plus libre, plus heureuse, plus respectée dans le monde.

Dévouée à l'indépendance de tout peuple, l'Italie saura garder la sienne qui est l'héritage de toute son histoire ancienne et récente et qui contribuera, par les œuvres de paix, au progrès universel dans une association continue vers des idéals plus élevés toujours. Et c'est chose fatidique que sur tant d'empereurs sur la colline ouverte aux fastes consulaires et aux institutions romaines, il ne reste que la statue de Marc-Aurèle saluant le triomphe, illuminée par le rayonnement austère de la vertu, seule image sacrée de ce culte de la loi morale et civile que notre patrie veut observer, confiante dans un avenir certain de prospérité et de gloire.

Dans leurs légitimes impatiences, ceux qui aspirent à mieux encore doivent reconnaître qu'il faut du temps pour remédier aux longs siècles vécus dans la division et dans le servage.

Avec Rome capitale, l'Italie représente la vie tranquille, côte à côte, de l'Eglise et de l'Etat, ce qui garantit la pleine et féconde liberté à la religion comme à la science.

Ce discours fut salué par des applaudissements enthousiastes et par les cris de : « Vive le Roi ! » « Vive la Reine ! » « Vive l'Italie ! »

Il était émouvant, le spectacle de ce courant irrésistible de sympathie qui unissait ainsi les grands corps constitués de l'Etat avec le représentant de cette maison de Savoie, qui sut, après lui avoir donné l'unité si longtemps attendue, comprendre les aspirations de la nation et la guider dans son évolution vers le progrès et le perfectionnement social.

La Reine paraissait très émue et le Roi était heureux de se voir en si complète communion d'idées et de sentiments avec son peuple.

M. Barrère, le sympathique ambassadeur de France, prit ensuite la parole :

« L'empressement cordial de nos gouvernements à prendre part aux expositions commémoratives de Rome et de Turin, l'importance qu'ils ont donnée à leur participation, le choix des hommes remarquables chargés d'organiser leurs expositions respectives, témoignent mieux que mes paroles de leurs sentiments à l'égard de l'Italie et de la maison glorieuse qui règne sur ses destinées. Pour attester le chemin qu'elle a parcouru, pour marquer l'effort opiniâtre et continu de son ascension nationale, l'Italie a voulu, dans un sentiment de légitime orgueil, célébrer cette grande étape de sa vie par un concours universel des œuvres de l'esprit et de l'énergie créatrice. »

L'éminent ambassadeur est vivement applaudi et félicité.

Les Souverains et les Princes quittent la salle au milieu de nouvelles manifestations.

Le cortège royal regagne le Quirinal. Tout le long du parcours, la foule est massée. Aussitôt, les cordons militaires retirés, la place du Quirinal se remplit d'une foule immense, acclamant les Souverains qui se présentent deux fois au balcon pour remercier.

L'enthousiasme populaire est alors à son comble.

La Mission française acclamée à Rome

Le général Michel, chargé de représenter la France aux fêtes du Cinquantenaire, a été reçu, avec son entourage, à la gare de Rome, par le comte César Gianotti, préfet du palais du Quirinal, M. Tittoni, ambassadeur d'Italie à Paris, les généraux Mirabelli, Pollio et M. Camille Barrère, ambassadeur de France.

Après avoir passé en revue le piquet d'honneur, le général Michel et les autres membres de la mission montèrent dans les voitures de la cour et se rendirent directement au Quirinal.

Le Roi fit un charmant accueil à nos officiers, avec lesquels il s'entretint trois quarts d'heure.

Il offrit son portrait en pied au général Michel, qu'il ne pouvait décorer, cet officier étant déjà grand-croix de l'ordre de Saint-Maurice. Il conféra la grand'croix de la couronne d'Italie au général Espinasse, et remit aux autres officiers des décorations proportionnelles à leur grade.

En quittant le Quirinal, les officiers se rendirent au palais Marguerite, pour rendre visite à la Reine mère, qui les retint longuement.

Sur tout le parcours, la population accueillit le cortège par des applaudissements et des cris de : « Vive la France ! ».

Une manifestation imposante se produisit devant le Grand-Hôtel, où logeaient les officiers. Les généraux Michel et Espinasse, ainsi que le commandant Jullian, se rendant au désir de la foule, parurent au balcon pour remercier, et furent accueillis par des cris de « Vive la France ! »

Le soir, dîner offert au Quirinal à l'ambassade extraordinaire française. Au dessert, le Roi, s'adressant au général Michel, prononça en italien ces paroles :

« Monsieur le Général, c'est avec une vive satisfaction que je vous souhaite la bienvenue dans la capitale de l'Italie.

« Je remercie chaleureusement le président de la République de vous avoir envoyé porter à l'Italie et à moi-même, à cette date solennelle, les félicitations et le salut de la France.

« A mesure que la civilisation progresse, les sentiments qui divisent les peuples tendent de plus en plus à s'effacer, tandis que la flamme de ceux qui les rapprochent reste vive et pure : c'est ainsi que le souvenir de la part qu'eut la France dans les grands événements qui firent l'Italie indépendante, libre et une, vit et vivra éternellement dans nos cœurs.

« Honorés et chers, la mémoire et le nom de vos compatriotes glorieusement tombés pour la cause italienne vivent et vivront toujours ; et l'amitié cordiale entre nos deux nations, avec leurs affinités de race, de pensée et de mœurs, est assise sur une base solide et apporte sa contribution efficace au maintien de la paix, qui est le but commun des gouvernements et le bien suprême des peuples.

« C'est avec ces sentiments et cette conviction que je bois au président de la République, au bonheur et à la prospérité de la France ».

Le général Michel répondit :

« Sire,

« J'ai entendu avec un sentiment de vive gratitude les paroles empreintes d'une chaleureuse bienveillance, par lesquelles Votre Majesté a daigné accueillir les représentants de la nation française.

« Investi par le président de la République de l'insigne honneur de porter à Votre Majesté et à l'Italie les félicitations et les vœux de la France à l'occasion de la célébration du cinquantenaire de l'unité nationale, il m'est doux de lui exprimer une fois de plus toute la part que prend la nation sœur et amie à la commémoration d'un anniversaire dont la place est marquée dans les fastes les plus hauts de l'Histoire. Qu'il me soit permis, à ce propos, Sire, de vous dire combien nos cœurs de soldats sont touchés par le souvenir que Votre Majesté a si généreusement évoqué du sang français versé pour une cause glorieuse entre toutes.

« Cette émotion sera ressentie par mon pays et par toute son armée.

« L'amitié cordiale de nos deux pays, unis par les liens du sang et par une commune culture, et dans la noble collaboration au progrès, repose sur une base solide et représente un précieux appoint pour le maintien de la paix et la concorde des peuples : c'est en cette amitié, Sire, que je puise les sentiments dont je suis pénétré en levant mon verre en l'honneur de Votre Majesté, de Sa

Majesté la Reine, de Sa Majesté la Reine mère, et de toute la famille royale, comme au bonheur et à l'avenir de l'Italie ».

Le 28 mars, ce fut l'inauguration du Palais international des Beaux Arts érigé dans la Vigna Cartoni. Le Comte de San Martino Valperga, président de l'exposition, a fait des merveilles, il s'est révélé avec sa science éclairée, son érudition consommée et son goût artistique ; on peut dire que grâce à ses efforts l'exposition de Rome offre à l'admiration des visiteurs l'assemblage des merveilles du passé unies aux chefs-d'œuvre de l'Art moderne.

Une ville entière a surgi, ville consacrée aux Beaux-Arts, dans cette vallée superbe qui, de l'ombreux et féerique parc de la Villa Borghèse, descend jusqu'au Tibre, en passant devant le musée du Pape Jules.

Autour du palais monumental élevé par la Jeune Italie à la gloire de ses artistes, palais qui deviendra plus tard la Galerie des Beaux-Arts, se dressent dans un ordre harmonieux les pavillons des diverses nations étrangères : l'Angleterre, l'Allemagne, la France, l'Autriche, la Hongrie, la Russie, la Belgique, les Etats-Unis, la Serbie, l'Espagne et le Japon.

Le 29 mars, l'Exposition d'Art rétrospectif, installée au Château Saint-Ange, célébrait son ouverture par une imposante cérémonie à laquelle assistaient LL. MM. le Roi et la Reine, entourés de l'élite du monde romain.

La vieille forteresse papale, qui synthétise toute la Rome des XVe et XVIe siècles, connut des heures brillantes, héroïques et tragiques, elle porte dans ses larges flancs les merveilleuses légendes, tout heureuse de cette animation évocatrice des splendeurs passées, elle semblait sourire à ses visiteurs, sous le frisson des oriflammes, des étendards et des drapeaux aux trois couleurs.

Le 8 avril, LL. MM. le Roi et la Reine, accompagnés du Prince Héritier d'Allemagne et de la Princesse, sa femme, inauguraient l'Exposition Archéologique aux Thermes de Dioclétien, isolés et débarrassés de toutes les constructions parasites qui en offensaient la beauté et la majesté.

Les ruines de l'imposant édifice élevé par l'empereur Maximien à la mémoire de son prédécesseur se présentent maintenant dans toute leur beauté.

L'Italie peut être fière d'avoir su faire de sa capitale le centre artistique de ses antiquités et de ses chefs-d'œuvre. C'est la plus belle manifestation qui ait jamais été faite ; que d'extases imprévues éveille dans l'âme une telle exposition.

Quelle inoubliable et féerique vision, pour les visiteurs de 1911 que celle des trois Rome : *la Rome antique, la Rome papale, la Rome moderne*, mélangées et confondues et cependant distincte et diverses dans une commune apothéose !

La Rome Antique

Après avoir parcouru l'avenue triomphale qui, du Capitole à la voie Appienne, unira désormais les ruines de Rome ; après avoir, au Palatin, évoqué les gloires et les hontes de l'Empire, après avoir rêvé devant le Colisée, où le monde païen fut vaincu par la constance des martyrs ; après avoir admiré les arcs de triomphe et traversé le Forum où semblent résonner encore les voix des Gracques, de Cicéron ou de César, le visiteur pénètre dans les Thermes de Dioclétien.

Là, se tient l'Exposition archéologique, et, dans de vieilles salles aux proportions grandioses, sont réunies les merveilles de l'art antique. Parmi toutes les suggestives évocations qu'elles font naître, la plus forte est provoquée, par la reproduction des monuments qui, dans chaque province de l'Empire, attestèrent la puissance de Rome et sa civilisation raffinée.

Surprenante puissance qui domina tous les peuples, du nord au sud, du levant au couchant ! Admirable civilisation dont les déserts de l'Afrique, les plaines de l'Asie, les forêts de la Germanie, les montagnes de l'Ibérie ou les vallées de la Gaule conservent les mêmes traces impérissables !

Pour achever l'enchantement, on représente au Palatin, à l'ombre du Palais des Césars, quelques pièces du théâtre grec, traduites par un illustre poète italien, et l'antique Fatalité, rappelée sur ce mont où son souffle a passé éveillant, comme jadis, l'épouvante dans l'âme des spectateurs.

La Rome Papale

Château Saint-Ange

L'histoire de la grande Rome est écrite en entier sur les églises, sur les palais, sur les monuments, sur les fontaines qui surgissent de toutes parts dans la Ville Eternelle. Mais, si l'humble chapelle des Catacombes nous parle des origines, si la merveilleuse basilique de Saint-Pierre nous révèle les splendeurs de la Papauté, seul l'admirable château Saint-Ange résume et synthétise toute la Rome antique.

Il porte dans ses flancs les légendes, les souvenirs, les traces du passé. Il connut des heures héroïques, des heures brillantes, des heures tragiques car il fut tour à tour, la forteresse où les papes résistèrent victorieusement aux barbares et au peuple soulevé, la demeure fastueuse où ils donnèrent des fêtes d'une extraordinaire magnificence, et la prison où ils jetèrent leurs ennemis vaincus. N'est-ce pas dans un des cachots du donjon que fut enfermée Béatrice Cenci dont le Guide immortalisa la beauté ?

Le château Saint-Ange est l'ancienne citadelle de Rome où fut installé le mausolée de l'empereur Adrien. Depuis il servit de sépulture pour les empereurs jusqu'à Caracalla, puis de refuge aux papes et de prison d'État.

Le pont qui aboutit au Château Saint-Ange fut construit, par ordre de l'empereur Adrien ; en 1688, le pape Clément IX fit construire les balustrades d'après les dessins de Bernini. Les grandes statues de marbre ont été sculptées par Lorenzetto et Paul Romano.

La Rome papale revit dans cet admirable château Saint-Ange, qui contient l'exposition de l'art rétrospectif italien des XVe et XVIe siècles, pour laquelle toutes les collections particulières et tous les musées régionaux ont prêté leurs chefs-d'œuvre. Les bastions abritent le musée du génie militaire, *l'armeria* de Clément X et l'exposition curieuse des étrangers illustres ayant résidé à Rome.

L'appartement des papes a été reconstitué à l'aide des objets exposés et les collectionneurs du monde entier ont prodigué leurs trésors pour permettre la réalisation de cette œuvre idéale.

Les célèbres fêtes nocturnes de jadis sont fidèlement reproduites, ornées d'identiques girandoles, illustrées des mêmes feux d'artifice.

Dans le château Saint-Ange, on a construit un vaste hangar qui renferme le train composé de trois wagons, la chapelle, la chambre et le salon, que la Compagnie constructrice de la ligne Rome-Frascati, remit au pape Pie IX pour lui faire inaugurer la première ligne de chemin de fer qui traversait les Etats de l'Eglise en 1859. Ces trois wagons avaient été offerts à Pie IX par un comité de dames viennoises, en 1857. Pie IX ne s'en servit que deux fois.

Le château Saint-Ange, monument grandiose que l'empereur Adrien fit élever comme son mausolée, qui devint ensuite une forteresse, puis une caserne du génie militaire, est un des monuments les mieux conservés de la Rome impériale, sur les murs chaque siècle semble y avoir écrit une page d'histoire.

Il y a beaucoup à voir dans la Ville Eternelle.

De l'enchantement de la Villa Borghèse, la plus suggestive, la plus belle et la plus attrayante parmi les villas romaines si renommées, pleine d'ombre et de lumière, de places ensoleillées et de retraites ombragées, riche de fontaines, de ruines et de statues, on arrive à la Valle Giulia, ainsi dénommée à cause du musée du pape Jules III qui s'y trouve. On jouit de cet endroit d'un panorama grandiose qui dit toute la poésie de Rome. D'un côté, les frondaisons verdoyantes de la Villa Borghèse, de l'autre la ligne onduleé des collines qui, peu à peu, montent jusqu'au sommet du mont Mario, en face la place d'Armes, au fond la coupole de la basilique Saint-Pierre rendue plus petite par la distance, mais toujours merveilleuse dans sa beauté souveraine.

La première fois que Dante Alighieri vint à Rome, en 1285, il s'arrêta sur le mont Mario pour contempler la ville des Césars qui survécut au souffle destructeur du Christianisme.

La Rome Moderne

C'est la Rome moderne qui met une si pieuse ardeur à parer ses deux aînées; c'est elle qui leur donne pour quelques mois les apparences de la vie; c'est elle qui rend aux Thermes de Dioclétien leur majesté perdue, et au château Saint-Ange l'éclat de ses jours prospères.

Mais sa vénération pour le passé ne pouvait lui faire oublier ce qu'elle se devait à elle-même, c'est-à-dire montrer le chemin parcouru et les progrès accomplis par l'Italie et par sa capitale, depuis la conquête de l'indépendance et de l'unité.

La Rome moderne figure dignement près de la villa Borghèse, dans l'exposition internationale des Beaux-Arts, où elle étale dans son palais et dans les pavillons étrangers toutes les splendeurs de l'art d'aujourd'hui.

L'exposition de Rome présente à tous les points de vue un intérêt considérable. Contrairement à celle de Paris, elle n'a pas été organisée dans une partie de la ville.

L'exposition de Rome a pour limites les murailles de la Ville Eternelle ; c'est donc Rome entière qui est l'exposition. Ce sont les trois Rome mêlées, la Rome antique, la Rome papale et la Rome moderne réunies, confondues dans une même gloire.

La Rome antique est représentée à la promenade archéologique, qui enferme dans une ceinture de verdure, depuis le Capitole jusqu'à la voie Appienne, les ruines remplies de majesté ; on la retrouve aux Thermes de Dioclétien.

Grâce à l'exposition ethnographique, qui complète si heureusement cette exposition régionale, on pénètre dans chacune des provinces de l'Italie, c'est ainsi que l'on peut en connaître les mœurs, les coutumes, les usages. On y voit les paysans et les ouvriers, en costume du pays, se livrer aux menus travaux de la vie journalière et à leurs industries domestiques ; on entend les différents dialectes, les chants populaires, on voit les danses caractéristiques.

Une des curiosités de l'exposition ethnographique est le navire romain qui a été reconstruit selon les débris que l'on a trouvés dans le lac de

Nemi. Ces navires-jardins servaient aux Romains pour y donner de grandes fêtes. C'est sur ce navire romain qu'a eu lieu le banquet en l'honneur des membres du Congrès de la presse. Les convives étaient au nombre de 800 environ.

Il y a beaucoup à voir à Rome, si l'on veut visiter les expositions rétrospectives au château Saint-Ange ; le musée de l'histoire et du génie militaire ; l'exposition rétrospective d'art ; l'exposition de topographie romaine ; l'exposition internationale des Beaux-Arts à la Vigna Cartoni ; les pavillons étrangers ; la « Piazza d'Armi » ; l'exposition ethnographique ; les pavillons des régions d'Italie ; le Pavillon de la Pêche ; le Palais des fêtes.

Après avoir contemplé les trois Rome, et près d'elles, l'Italie pittoresque, cette Italie qui tend chaque jour à disparaître et qui, bientôt, ne sera plus qu'un souvenir, on croit avoir fait un rêve d'artiste ou de poète ! et on comprend la sincérité de Gœthe, s'écriant dans un accès d'enthousiasme pour Rome :

« Tant voir et tant admirer m'épuise » !

L'apothéose de la Royauté italienne

C'est au milieu de Rome, près du Capitole, qu'a été élevé au Père de la Patrie, Victor-Emmanuel II, premier roi d'Italie, un monument grandiose, édifié place de Venise, campé sur les flancs du Capitole regardant la Ville moderne qu'il sépare du Forum et du Colysée.

Ce monument se développe sur une largeur de 135 mètres, une profondeur de 130 mètres, sa hauteur est de 80 mètres ; celle du portique, de 62 m. 50 ; celle de la statue équestre du Roi, de 44 m. 80.

L'entrée du monument est formée par un grand escalier d'une largeur de 32 mètres. La première plate-forme est large de 66 mètres, en face de laquelle s'élève l'autel de la Patrie, au milieu un petit temple contenant la statue de Rome en bronze doré entourée de hauts-reliefs représentant les exploits qui menèrent à l'unité de l'Italie.

Les deux fontaines représentent la Méditerranée et l'Adriatique, les statues le Sacrifice, la Concorde et la Force.

Au-dessus de la plate-forme, l'autel de la Patrie, où s'élève la statue équestre en bronze doré de Victor-Emmanuel qui pèse 50.000 kilogs. La tête de la statue du Roi est haute de 2 m. 50 et pèse 2.100 kilos. Dans le menton du cheval, il y a place pour 30 personnes.

Le groupe est l'œuvre du sculpteur Dazzi, le socle du sculpteur Maccagnani.

Les frontons ornés de bas-reliefs représentent l'Unité et la Liberté. Seize hauts-reliefs placés contre des piliers représentent les seize régions de l'Italie.

La construction de ce colossal et grandiose monument a duré vingt ans et revient à quarante millions.

M. Hector Nemot, élève de la Villa Médicis, avait été le vainqueur du premier concours mondial ouvert en 1882. Mais les Italiens, contrariés, froissés de voir un Français déclaré vainqueur, firent entendre de telles protestations que le gouvernement fut obligé d'annuler la décision favorable à notre compatriote. Un autre concours — dans lequel on excluait les étrangers — eut lieu et M. Sacconi, architecte de Rome, vit ses plans adoptés, mais il mourut en 1905. Ses continuateurs furent les architectes Manfredi, Koch et Pracentini.

Les sculpteurs des chefs-d'œuvre qui décorent le monument sont MM. de Monteverde, Jerace, Rubino, de Albertis, Zanelli, Canonica, Quadrelli, Bistolfi, Ximenes, Pogliaghi, Rivalta, Maccagnani, Dazzi, Apolloni, Cantalamessa, Zocchi, Rutelli, Butti, Gallori, Fontana, Bartolini, Astorri, Bisi, Quinzio, Benini, Griselli, Tonnini, Palazzi, Pantaresi, Sbricoli, Chiaromonte. Pifferetti, Casadio, Niccolini, Belli et Tripisciano. Comme on le voit, les sculpteurs statuaires qui ont coopéré à l'ornementation du colossal monument sont légion.

L'inauguration de ce superbe monument a eu

lieu le 4 juin en présence de Leurs Majestés le Roi et la Reine, assistés de la Reine Marguerite, de la Reine Maria-Pia de Portugal, des enfants royaux, ainsi que des chevaliers de l'Annonciade, des membres du corps diplomatique, de ceux du Parlement, des ministres, des grands officiers civils et militaires de l'Etat, des représentants de tous les corps de l'armée et de la marine.

Le Roi, en touchant un bouton électrique, a donné le signal et la statue équestre de Victor-Emmanuel a été découverte. Une explosion d'enthousiasme indescriptible s'est produite, les canons ont tiré des salves, les musiques ont joué l'hymne royal et l'hymne à Garibaldi.

L'honorable M. Giolitti, président du Conseil, prend la parole.

« Sire,

« Sur cette colline qui rappelle la gloire et la grandeur de Rome, en présence de Votre Majesté et de la gracieuse Reine d'Italie, de la Reine douairière, de l'auguste fille de Victor-Emmanuel II, des Princes de la Maison de Savoie, des membres du Parlement et des glorieux drapeaux de l'Armée et de la Marine, on inaugure le monument national qui, dans l'effigie du Père de la Patrie, résume le souvenir des luttes, des sacrifices, des martyres, des héroïsmes qui ont préparé et accompli la résurrection de l'Italie.

« La présence des représentants des nations alliées et amies qui prennent une part si cordiale à notre fête patriotique, est une preuve qu'elles reconnaissent la mission de paix et de civilisation de l'Italie.

M. Giolitti ajoute :

« Au lendemain de la mort du grand Roi, le gouvernement et le Parlement, interprètes de la douleur du pays tout entier, décidèrent d'ériger à Victor-Emmanuel un monument au Capitole pour rappeler aux générations futures le plus haut fait de l'histoire de l'Italie. »

Le Roi, enthousiasmé et ému, va à la rencontre du Président du Conseil, lui tend la main en lui disant merci.

A l'occasion de l'inauguration du monument de Victor-Emmanuel, le Roi d'Italie a adressé à M. Fallières le télégramme suivant :

« M. Fallières,

Président de la République française, Paris.

« L'aimable dépêche que vous avez bien voulu m'adresser, à une occasion si solennelle pour l'Italie, m'a profondément touché.

« Très reconnaissant, je vous en exprime, ainsi qu'à la noble nation française et au gouvernement de la République, mes remerciements les plus chaleureux en vous assurant que vos sentiments de vive sympathie sont entièrement partagés par moi et par le peuple italien.

« Je forme, à mon tour, les vœux les plus cordiaux pour votre bonheur et celui de la France et vous prie d'agréer, monsieur le Président, l'assurance réitérée de mes sentiments les meilleurs.

« Vittorio Emanuele. »

M. Fallières a répondu :

« Au moment où la nation italienne tout entière témoigne à l'illustre aïeul de Votre Majesté, le roi Victor-Emmanuel II, sa reconnaissance en érigeant à sa mémoire un monument national, j'ai à cœur de m'associer et d'associer la France et le gouvernement de la République aux fêtes qui rappellent l'époque glorieuse où l'Italie trouva son unité nationale.

« Je forme les vœux les plus sincères pour le bonheur de Votre Majesté et celui de son auguste famille, ainsi que pour la grandeur de son royaume.

« Armand Fallières. »

Victor-Emmanuel fut en effet un grand Roi. Il le fut par son courage et son civisme. Nommé Roi le jour de la défaite de Novare, en mars 1849, par l'abdication de son père Charles-Albert, Victor-Emmanuel dut se rendre le soir même chez le maréchal Radetzky, commandant l'armée autrichienne, pour négocier l'armistice. Radetzky exigeait l'abolition de la reconstitution libérale accordée au Piémont par Charles-Albert, la suppression du drapeau tricolore, la destruction de la forteresse d'Alexandrie. Victor-

Emmanuel répondit à Radetzky — le Bismarck de l'Autriche — qu'il était prêt à subir le sort du vaincu, mais qu'il ne pouvait pas violer le pacte constitutionnel juré par son père ; et comme l'Autrichien arrogant — comme l'était Bismarck — insistait, le Roi lui dit avec fierté : « Ma race connaît la voie de l'exil, mais non pas celle du déshonneur ».

C'est cette fidélité aux engagements pris par son père à l'égard de son peuple, qui valut à Victor-Emmanuel le surnom de Roi galant homme, et plus tard celui de Père de la Patrie.

Quand du haut du mont Pincio, on voit le crépuscule envelopper la Ville Eternelle, on ressent un charme indescriptible en apercevant les trois monuments qui surgissent à l'horizon, résumant l'histoire de la Rome moderne. Le dôme de Saint-Pierre, la statue de Garibaldi campée en avant-garde sur la Passeggiata Margherita qui lui forme un piédestal unique au monde, et le splendide monument Victor-Emmanuel. L'ensemble de ce décor est imposant.

L'Italie régénérée est toute à ses souvenirs, à ses espoirs nationaux, souvenirs et espoirs auxquels s'associe étroitement la France représentée aux fêtes du cinquantenaire par les fils de nos soldats morts pour l'indépendance italienne, et venus à Rome pour affirmer solennellement notre solidarité avec l'Italie ressuscitée devenue l'amie de la France.

Turin, la capitale du Piémont

L'ancienne capitale du royaume située sur le Pô est devenue une grande et belle ville. Les Romains donnaient le nom de Gaule Cispadane à la partie de la Gaule cisalpine située au sud du Pô.

Le nom de ce fleuve évoque les souvenirs de la guerre de 1859, c'est dans le Pô que les Autrichiens furent culbutés par les Français.

Turin fut l'initiatrice de l'épopée militaire de 1859, et aujourd'hui on y fête la Paix. Cette cité industrielle, laborieuse, remplie d'énergie, offre à ses visiteurs un beau spectacle, et tous sont charmés par son hospitalière courtoisie.

La princesse de Lamballe, amie dévouée de Marie-Antoinette, qui fut victime des massacres de 1792, était née à Turin en 1749.

L'amiral La Roncière de Noury, qui se distingua en 1871, pendant le siège de Paris, était né à Turin en 1813.

Le comte Marchin, maréchal de France, fut tué à la bataille de Turin en 1706.

J'ai revu Turin avec plaisir, que de changements survenus depuis ma dernière visite.

La Ville des Rois, la Victorieuse du poète, berceau de l'Italie moderne ; capitale du prospère Piémont, est une ville historique fort pittoresque, offrant aux âmes rêveuses les séductions du Pô, qui coule majestueusement entre ses murs, au pied des collines couronnées par la basilique royale de Superga ; aux alpinistes, les grandes escalades aux géants des Alpes — le Mont-Viso, le Grand-Paradis, le Mont-Blanc, le Mont-Cervin, le Mont-Rose — qui lui forment comme une ceinture de neiges éternelles ; aux artistes, une variété de collections que nulle capitale ne possède : le Musée d'Armures, sans contredit le premier du monde ; le Musée Egyptien, avec des richesses innombrables en *papyrus* ; le Musée de Peinture, où sont les Van Dyck, les Rembrandt, les Rubens, les Potter, les Ruysdael, les Memmling, les Téniers authentiques ; la Mole Antonelliana, curieux édifice de 164 mètres de haut.

Turin, l'une des quatre grandes villes de l'Italie, joint au plus grand confort moderne le charme de la nature régnant en souveraine sur les rives ondulées du Pô. Turin fut pendant 300 ans la capitale des ducs de Savoie, et la première capitale du Royaume d'Italie, de 1861 à 1864. Avant 1860, le Piémont formait avec la Savoie les Etats Sardes. Cinquante ans se sont écoulés depuis que Turin convoqua, le 18 février 1861, la première Assemblée nationale. Cinquante ans ont passé depuis que, le 14 mars 1861, l'Assemblée déclara Victor-Emmanuel II premier Roi d'Italie, formant ainsi, après 1400 ans de divisions politiques, un seul Etat libre et puissant de 25.024.191 habitants (actuellement la population de l'Italie dépasse 34.000.000).

A partir de cette date historique, l'Italie a continué sa marche ascensionnelle. D'abord, elle s'est complétée par la Vénétie en 1866 : puis en 1864 et en 1870, allant par étapes de Turin à Florence, de Florence à Rome, elle a enfin atteint la Ville Eternelle, que, dix ans avant, l'Assemblée du 27 mars 1861 avait déjà déclarée capitale du royaume nouvellement constitué.

Ensuite, profitant de la paix que ses hommes d'Etat lui ont constamment assurée, ses arts, son commerce, ses industries se sont merveilleusement développés et l'Europe a dû reconnaître toutes les excellentes qualités que possède le peuple italien.

Il faut se rendre compte sur place de la réalisation de ce progrès dans chaque art, dans chaque branche de l'industrie moderne, en retrouvant l'Italie, jadis pauvre et partagée, en plein développement.

Turin par sa situation exceptionnelle au milieu d'une plaine fertile, à distance égale des glaciers des Alpes et de la région des oliviers, des myrtes et des orangers, offre un champ illimité d'excursions facilitées par un lacis de voies ferrées qui permettent aux touristes de rayonner vers tous les points cardinaux.

Le mont des Capucins, avec vue splendide sur la ville et sur la chaîne des Alpes, l'église des

Capucins de 1611. A côté de l'église et du couvent, Observatoire du Club Alpin italien, avec musée alpin.

J'ai voulu voir Rivoli, nom qui évoque l'épopée napoléonienne. Rivoli est un coquet village situé à 13 kilomètres de Turin. Le château, ancienne résidence royale, date de 1712, il a une vue superbe sur les Alpes et la plaine jusqu'à Turin ; Napoléon Ier habita ce château en 1797 après avoir gagné la bataille sur les Autrichiens.

La basilique royale de Superga a été bâtie en 1717-31, sur les plans de Juvara. On peut la visiter, en s'adressant à la porte à gauche du grand escalier. Dans les appartements annexés, salle des Papes (portraits de tous les papes). Au-dessous de la basilique, cryptes renfermant les tombeaux des Princes de la Maison de Savoie, depuis Victor-Amédée II (fondateur de la basilique), jusqu'au roi Charles-Albert.

Le panorama de Superga est magnifique. On a une vue superbe sur les Alpes, les monts Viso, Rochemelon, Levana, Grand-Paradis, Mont-Cervin, massif du Mont-Rose, de la plaine du Piémont et de la Lombardie.

J'ai assisté aux funérailles de la Reine douairière de Portugal, qui a été inhumée dans la basilique de Superga, à côté de sa sœur, la princesse Clothilde. Le prince Napoléon y a son caveau.

A travers l'Exposition

Les Turinais ont eu la chance de pouvoir ouvrir à leur exposition les pelouses d'un parc admirable, étalé sur la rive gauche du fleuve.

L'exposition comprend dans son enceinte le château du Valentin, bâti en 1650 par Marie-Christine de France, et le Jardin Botanique, qui lui est annexé. Plus au nord, le bourg et le château du moyen âge, érigés à l'occasion de l'exposition de 1884, forment l'une des attractions les plus importantes pour les visiteurs, avec les métiers en action et les costumes authentiques du xvᵉ siècle.

Les berges du Pô prolongent et développent sur les deux rives, en amont et en aval, ce domaine de verdure, que domine et ferme du côté opposé à la ville un écran de collines boisées, du plus pittoresque dessin. Construite sur les berges et sur toute l'étendue du vieux parc, l'exposition couvre une superficie de 120 hectares, dont 300.000 mètres sont occupés par les palais et les pavillons, surface presque égale à celle occupée par l'exposition de Paris en 1900, et, sans en sortir, on peut faire un trajet de trois kilomètres sur le fleuve.

Ceux qui ont vu à Paris la rue des Nations,

retrouvent sur les bords du Pô les mêmes visions qui les enchantèrent.

L'un des charmes de cette exposition, c'est qu'elle ne modifie point l'aspect de la ville même et la pare sans l'encombrer. A l'endroit où elle commence, la ville est finie : et c'est comme une seconde ville qui vient se nouer et s'épanouir au bord de l'autre, à deux cents mètres de ses quartiers les plus fréquentés, les plus bruyants.

Au point de vue pittoresque et décoratif, c'est une des plus belles expositions que j'ai vues.

L'exposition de Rome glorifie le génie latin.

L'exposition de Turin glorifie le génie national.

Les expositions qui eurent lieu en 1884 et en 1898 avaient été également installées au parc du Valentin.

Les deux bords du Pô sont reliés par cinq ponts, qui sont, en remontant le fleuve : le pont Humbert, le grand pont monumental, une passerelle, le pont Isabelle et le pont provisoire ; en outre, deux chemins de fer aériens électriques et un service de canots automobiles et de barques joignent les deux rives.

Les édifices de l'exposition portent l'empreinte de l'architecture du Piémont, et plus particulièrement de Turin, au commencement du XVIIIe siècle. Cette architecture a été l'œuvre d'un seul artiste, l'abbé Filippo Juvara, de Messine, que le roi Victor-Amédée II avait ramené en 1714, au retour de son voyage dans la Sicile nouvellement annexée.

Le Château d'Eau a été installé sur la colline, dans la prolongation de l'axe du pont monumental, au delà et au-dessus des sections étrangères. Si l'on pense que la colline présente en cet endroit une élévation de 80 mètres environ au-dessus du Pô, il est facile d'imaginer le parti que les architectes de l'exposition ont su tirer de cette différence de niveau.

Le pont monumental, avec ses rampes latérales, avec la rangée de ses Victoires et ses escaliers grandioses ; le couronnement des cascades retentissantes, qui retombent de la façade du Château d'Eau, flanqué par ses clochers hardis, forment un ensemble d'architecture très apprécié des artistes et une grande attraction de l'exposition.

Sur la rive opposée se dressent les pavillons des colonies françaises, de la ville de Paris et de la ville de Marseille.

Le soir, le coup d'œil est féerique, de tous côtés scintillent des illuminations électriques. Du reste, rien n'a été négligé dans cette organisation colossale pour frapper l'imagination des visiteurs. Tout ce que l'art, la science et l'industrie ont produit de beau et d'utile est présenté à l'admiration générale.

Presque toutes les puissances mondiales y sont représentées. Mais sans parti pris, il faut reconnaître que ce sont les sections françaises et italiennes qui, par la magnificence de leur ensemble, la richesse et le bon goût des objets exposés captivent le plus l'attention des visiteurs.

L'inauguration a eu lieu le 30 avril **1911**, en présence de Leurs Majestés le Roi et la Reine d'Italie, entourés des princes et des hauts dignitaires de l'Etat.

Les souverains se sont rendus directement à l'exposition par le cours Victor-Emmanuel. Deux cordons de troupes formaient la haie sur leur passage. Des cuirassiers escortaient le cortège royal.

La salle des fêtes de l'exposition présentait un coup d'œil imposant. Etaient présents : le duc d'Aoste, le comte de Turin, le duc des Abruzzes le duc de Gênes, la princesse Lætitia, la duchesse Isabelle de Gênes, le président du Conseil M. Giolitti, le marquis di San Giulano, ministre des affaires étrangères, MM. Sachi, Nitti, Spingardi, les présidents du Sénat et de la Chambre le corps diplomatique, les maires de Rome et de Milan, le comité de l'exposition avec ses présidents, les sénateurs Frola et Villa, les commissaires étrangers et les autorités.

Les souverains furent reçus par les princes les princesses, les ministres.

La cérémonie commença aussitôt. Prirent successivement la parole : M. le sénateur Villa, président de l'exposition, le sénateur Frola, président du comité, M. Nitti, ministre de l'agriculture

M. le sénateur Rossi, le très sympathique maire de Turin, prononça un long discours, dont je détache les passages suivants :

« Sire,

« La foi immuable dans les destinées de la Patrie, la dévotion illimitée et l'affection intense qui lient le peuple italien à votre Maison, reçoivent à Turin dans la solennité d'aujourd'hui, une nouvelle consécration, pendant qu'en même temps nous célébrons devant Votre Majesté le triomphe du travail et le jubilé de la résurrection de l'Italie.

« Dans ce jour consacré aux mémoires de la Patrie, le peuple évoque le souvenir des derniers cinquante ans, depuis que la Patrie s'est constituée en nation et fête le glorieux anniversaire pensant aux jours de l'ancienne servitude, jours éloignés et à jamais disparus. »

Après avoir rappelé l'aide apportée à l'œuvre par les patriotes Mazzini, Cavour et Garibaldi, M. Rossi ajoute que l'Italie se réveilla il y a cinquante ans d'un sommeil léthargique de treize siècles, en criant au monde son droit de vivre au soleil de la liberté.

M. Rossi fut félicité et acclamé.

M. Barrère présenta aux souverains M. Stéphane Dervillé, commissaire général du gouvernement français, qui s'exprima en ces termes :

« Sire,

« La France industrielle, conviée par le gouvernement de Votre Majesté, est ici venue avec le meilleur de ses forces et tout son cœur pour fêter l'Italie, puissance féconde et prospère, au berceau de son indépendance et de sa glorieuse unité.

« Sur le seuil de la section française, je prie Votre Majesté et sa gracieuse Majesté la Reine d'agréer son salut de bienvenue et ses respectueux hommages ».

M. Bellan, président du Conseil municipal de Paris et président de la section française, a pris la parole à son tour :

« Sire,

« En répondant avec l'empressement qu'il mit à l'appel de Turin, de sa municipalité et du comité exécutif de l'exposition, Paris a voulu marquer et souligner le vif désir qu'il avait de s'associer à la célébration du cinquantenaire de l'unité italienne, et prendre part à cette manifestation brillante qui atteste d'une façon si éclatante le génie et le labeur fécond de l'activité fiévreuse, en un mot de la vitalité du beau royaume d'Italie.

« Son Conseil municipal, qui garde au plus profond de son cœur le souvenir impérissable de la visite dont Votre Majesté l'a honoré en son Hôtel de Ville, a tenu à ce que son président fût ici présent pour renouveler l'expression sincère des vœux ardents de la population parisienne pour le bonheur de Votre Majesté, de Sa Majesté la Reine, de la famille royale et du peuple italien ».

S'adressant à la Reine, M. Bellan a ajouté :

« Madame,

« Que Votre Majesté me permette d'ajouter que nous ne conserverons pas moins soigneusement, comme un gage précieux de l'amitié de la nation sœur, le parfum de grâce et de bonté dont vous étiez enveloppée au moment de cette visite inoubliable qui mit ce jour-là dans nos yeux une fierté légitime ».

M. Galli a présenté aux souverains les hommages du Conseil général de la Seine.

Guidés par MM. Stéphane Dervillé, Emile Bourgeois, administrateur de Sèvres ; Gustave Geoffroy, administrateur des Gobelins, et Georges Cain, conservateur du musée Carnavalet, les souverains ont à plusieurs reprises exprimé l'admiration et la joie du spectacle qui leur était donné.

A l'issue de ces visites, M. Dervillé a offert au Roi, au nom du gouvernement, une admirable collection de médaillons de souverains, en biscuit de Sèvres ; à la Reine, le président du Conseil municipal a offert une gerbe de fleurs cueillies pour elle dans les serres de la ville de Paris.

Après les discours, les souverains, suivis des princes, des princesses et des autorités, se sont rendus au Château d'Eau où ont eu lieu les présentations.

M. Barrère, en sa qualité de doyen du corps diplomatique, présenta au Roi, les commissaires des différentes puissances à l'exposition.

Les souverains, avant de visiter le pavillon de

la ville de Paris, s'étaient rendus à la section hongroise. En sortant du pavillon français, ils sont allés visiter la section allemande.

A midi, la municipalité de Turin a offert un grand déjeûner en l'honneur des autorités et des représentants de toutes les nations réunies à Turin à l'occasion de l'inauguration de l'exposition.

Au dessert, le sénateur Rossi, maire de Turin, a porté un toast d'abord au corps diplomatique, puis au gouvernement italien et aux commissaires généraux de toutes les nations « qui ont voulu contribuer à l'entreprise organisée par la ville de Turin ».

Il a terminé en levant son verre au Roi, à la Reine et à la maison royale d'Italie.

M. Barrère, ambassadeur de France, a prononcé le discours suivant :

« Messieurs,

« Après les éloquents discours consacrés à cette mémorable fête de l'énergie, il me reste à accomplir, au nom des représentants des nations étrangères, un devoir qui m'est particulièrement sympathique : celui de boire à la santé de la ville de Turin. Je suis heureux, messieurs, en des circonstances si flatteuses pour elle, de pouvoir lui offrir le témoignage de toute notre admiration pour la part qui lui revient dans l'éclatant succès de cette grande exposition internationale.

« Nous savions que parmi les facultés de l'illustre et vaillante cité, il en était une en quoi elle ne pouvait être dépassée : celle de réunir et de concilier, avec un tact parfait et un sens pratique supérieur, les étrangers venus à son appel, et de mettre en valeur les productions du génie industriel et commercial de tous les pays. Elle ne s'est jamais risquée, sur ce terrain difficile, sans y réussir parfaitement. Mais, cette fois, Turin s'est surpassée elle-même ; votre ville a eu conscience de la tâche glorieuse que lui confiait l'Italie pour célébrer l'anniversaire de son unité et de son entrée dans le concert des grandes nations.

« L'exposition universelle, organisée sous ses auspices, forme le digne pendant de celle qu'il nous a été donné d'admirer à Rome. Les nations étrangères y sont accourues, heureuses de marquer à l'Italie leur sympathie et leur amitié en concourant, à ses côtés, à la réussite d'une entreprise nationale, dont tout Italien a le droit d'être fier.

« Nous avons pu constater comment Turin a répondu à ce témoignage de haute confiance. Votre cité présente dans un cadre merveilleux le tableau du prodigieux essor de ce grand pays, le vivant témoignage des étapes qu'il a parcourues avec la fougue de sa géniale jeunesse. A elle revient la gloire d'avoir su réunir en un magnifique ensemble les produits de l'industrie nationale et ceux des nations étrangères. De cela, l'Italie et toutes les nations lui voueront une juste gratitude.

« Je lève mon verre, messieurs, à cette illustre cité, à ses grandes traditions, aux destinées brillantes que lui réserve un avenir plein de promesses, et j'associe à ce toast son éminent syndic, mon ami, M. le sénateur Rossi ».

Le discours de M. Barrère a été salué par de chaleureux applaudissements et l'ambassadeur a été acclamé.

L'après-midi, le Roi reçut au Palais Royal, en audience particulière, les membres du corps diplomatique et les commissaires généraux étrangers. Il s'entretint avec MM. Dervillé, Barrère et Bellan.

Le soir, au Palais Royal, Sa Majesté le Roi offrit un dîner de gala suivi d'un bal.

Je continue la relation de ma visite.

Au centre de l'exposition, la voie triomphale est bordée de colonnes blanches, que couronnent des Victoires ailées, et qui, jetée en pont au-dessus du fleuve, joint le blanc palais des Fêtes à la façade blanche du Château d'Eau, dressée là-bas, sous la colline, comme un temple. De chaque côté du monument, deux palais d'allure imposante, l'Allemagne et la France. Un socle de gazon sert de support à celui de la France. Les Allemands font reposer le leur sur un talus cimenté que recouvre, en lettres aussi hautes que le talus, cette inscription : MUNCHENER BURGER BRAU. C'est l'enseigne de l'empire. A cinq cents mètres de distance, on la voit. Elle écrase tout. Déjà à l'exposition de Bruxelles la lourdeur et le manque d'esthétique du pavillon de l'Allemagne avaient été critiqués. Décidément les architectes allemands manquent de goût et de conception.

L'Asie est largement représentée : le Japon, la Chine, la Perse, le Siam, l'Inde mystérieuse ont quitté leurs fleuves sacrés pour venir se presser sur les bords du Pô et y contempler stupéfaits les agiles canots automobiles traçant leur sillage dans les eaux calmes, les tapis roulants, nouveaux « chemins qui marchent », allant sans cesse d'une rive à l'autre, les chemins de fer aériens dessinant sur l'onde leur noire silhouette, pendant que les gigantesques dirigeables et les énormes ballons sphériques planent dans l'air.

Parmi les nombreux et élégants édifices que comprend cette exposition, on remarque, à partir de l'entrée principale : le palais de la mode, celui des industries artistiques, le pavillon annexe de la cité moderne, le pavillon de la ville de Turin, puis on passe au palais de la Hongrie, au pavillon du Club alpin, à l'exposition de la chasse et de la pêche. Un escalier grandiose conduit au pont monumental, long de 106 m. 30, à cinq arches. A droite de l'escalier s'élève le très élégant pavillon de la ville de Paris, entouré d'un agréable jardin.

Au sud du monument du prince Amédée se trouve une immense galerie des machines. A côté, est le palais de la Presse, d'une superficie de 6.000 mètres, avec une façade de 106 mètres, surmonté d'un dôme majestueux.

Le joyau de l'exposition de Turin est sans conteste le pavillon de la ville de Paris. Celui de l'exposition de Bruxelles avait eu également un grand succès, et fut le plus visité.

Paris, cette maîtresse incomparable dans l'école de la civilisation, cette éducatrice exemplaire dans le royaume du goût, cette combattante d'avant-garde sur le terrain du progrès, sait toujours par son charme irrésistible, séduire les visiteurs de ses richesses.

Rome s'accroîtra, s'embellira... Mais elle ne pourra pas, la vieille mère, rivaliser en grandeur, en puissance, en opulence, avec les enfants qu'elle a envoyés aux quatre coins de l'univers. Paris resplendit comme un grand phare, debout et dominant l'Europe ; Paris verse à torrents sur les Allemands et sur les Anglo-Saxons la lumière de Rome. Paris, c'est la cité universelle, synthétisant magnifiquement la civilisation moderne, le bon goût et le génie de la science.

Le Pavillon de la France

Il s'élève sur la rive droite du Pô, en avant du pont monumental. L'entrée principale forme un des côtés de la grande place où aboutit le pont. Le front principal du pavillon se développe le long du Pô sur une étendue de 193 mètres. Le corps central de l'édifice comprenant un grand salon s'élève en une coupole hardie qui met en évidence la section française des divers endroits de l'exposition. A ce salon central aboutissent les diverses galeries dont est composée la section. De larges étendues libres et des squares ornés de plates-bandes et décorées de balustres et de vases qui s'interposent entre le front de l'édifice et le fleuve, sont pour le public un rendez-vous élégant d'où l'on jouit du pittoresque panorama de la rive gauche, entre les deux ponts.

La construction (dont l'architecture modelée sur les caractéristiques du XVIe siècle piémontais, comme toute l'exposition présente dans ses détails, des souvenirs et des aperçus du caractère français) occupe une surface de 11.120 mètres carrés et une hauteur moyenne de 63 mètres.

Si l'on veut ajouter à l'emplacement du pavillon celui que la section française occupe dans la galerie des machines, de l'électricité, du journal, des transports et dans l'exposition de l'aviation on aura un total d'environ 50.000 mètres carrés qui sont occupés par la France.

M. Stéphane Dervillé, le très distingué président du conseil d'administration de la compagnie du P.-L.-M. a eu l'heureuse idée d'organiser dans le pavillon de la France, la section franco-italienne, qui est un des clous de l'exposition. C'est une résurrection historique. Dans cette intéressante section figurent tous les illustres Italiens qui ont été les hôtes de la France depuis l'époque de Catherine de Médicis jusqu'à nos jours.

A cette résurrection historique, on a adjoint le portrait de la cantatrice Grassini, les partitions de Sacchini et de Rossini, le violon de Paganini, l'arbalète de Catherine de Médicis, l'armure de Louis XIV, comme aussi le sabre, les pistolets de Bonaparte, celui de Menou, celui du général Gardanne et le sabre d'honneur offert par le Directoire « au citoyen Stephani Dominique, lieutenant à la 11e de ligne, pour avoir, dans l'affaire de Civita-Castellane, mis une colonne ennemie en déroute, lui avoir fait 200 prisonniers et pris 22 pièces de canon ».

A tous les points de vue cette exposition rétrospective est d'un grand intérêt.

M. Dervillé a fait revivre la glorieuse époque de l'indépendance italienne, ainsi que les belles figures de Silvio Pellico, Mazzini, Cavour, Daniel, Manin, Garibaldi, le général Turr.

M. Georges Cain, directeur du musée Carnavalet, a écrit dans *Paris-Rome*, ce qui suit :

« M. Dervillé a voulu dans une leçon de choses résumer, préciser les relations qui depuis des siècles relient la France à la maison de Savoie. On commence au xve siècle : le prince Vert et la reine Bonne de Savoie ; on évoquerait François Ier, Catherine et Marie de Médicis, Henri IV, le doge de Venise, Louis XIV, les Mancini, Mazarin, les

Carignan et saint François de Sales, Bonaparte franchissant le Saint-Bernard, puis Rivoli, Lodi, le pont d'Arcole en 1796 ; Championnet à Naples, Kellermann et Desaix à Marengo en 1800 ; le Prince Eugène, enfin, Napoléon, roi d'Italie, et Murat, roi de Naples, pour terminer par la glorieuse campagne de 1859, Solférino, Magenta, l'héroïque Victor-Emmanuel, nommé d'acclamation caporal des zouaves après la victoire de Palestro, l'entrée à Milan, sous une pluie de fleurs, les deux peuples latins montant au Capitole, la main dans la main, au milieu des cris de « Liberté ».

La section de la Parfumerie française

L'organisation de la section de la parfumerie est le *nec plus ultra* du bon goût. Les exposants qui y ont pris part méritent des éloges pour les efforts qu'ils ont accomplis en cherchant à faire de ce coin délicieux décoré de fleurs et de plantes vertes un Eden enchanteur.

L'atmosphère y est imprégnée d'odeurs pénétrantes volatilisées par des vaporisateurs. Dans de coquettes vitrines sculptées d'après l'art nouveau, s'alignent avec symétrie des flacons en cristal taillé contenant des parfums dont en Orient, les almées, les mousmées, les bayadères font un si grand usage ; des boîtes décorées pour les fards et les savons de toilette.

Parmi les fabricants de savons et de parfums, le plus important est sans conteste, M. Victor Vaissier, propriétaire des deux usines modèles de Roubaix, ses savons et ses parfums du Congo ont une réputation mondiale.

Fournisseur de plusieurs Cours Royales, M. Victor Vaissier, chimiste distingué, s'est vu décerner dans les expositions les plus hautes récompenses accordées à son industrie.

Voilà Lyon avec ses incomparables soieries, Aubusson avec ses tapis décoratifs dont le tissage si régulier est dû aux métiers Jacquard ; Elbeuf, Roubaix et Sedan avec leurs draps ; Saint-Quentin, Troyes avec la bonneterie ; Beauvais avec ses moquettes et carpettes ; Le Puy, Alençon, Mirecourt avec leurs dentelles ; Tarare avec ses toiles ; Saint-Etienne avec ses rubans et ses armes de précision ; Limoges, Montereau, Gien avec leurs faïences ; Saint-Gobain, Chauny avec leurs glaces ; Baccarat, Saint-Louis avec leurs verreries genre Bohême. Sèvres, Clichy et Saint-Denis, ce sont les verreries. Voilà les produits de la manufacture nationale de Sèvres, assiettes à bordure bleue, vases étrusques, hanaps, statuettes, bustes en biscuit avec décors en reliefs et un boudoir décoré de sanguines sur porcelaine.

La manufacture de Sèvres fabrique des merveilles ; on en voit dans tous les palais royaux du monde entier.

Les Gobelins, nom magique, qui évoque la beauté antique. Que de merveilles ont été dessinées, tissées à la manufacture des Gobelins fondée sous Louis XIV par une famille de teinturiers venue de Reims. Les tapisseries qui décorent les murs sont l'objet d'une vive curiosité ; des Gobelins authentiques, c'est toujours beau à voir. La pièce principale est Duguesclin sur son lit de mort, d'après Toudouze.

La suprématie de la France, dans le passé, s'est révélée là une fois de plus avec éclat.

Plus loin, les textiles, groupés par les soins de M. François Carnot.

La joaillerie, la bijouterie et l'orfèvrerie sont représentées par les maisons Falize, Vever, Aucoc, Christophe, Boucheron, Fouquet, Sandoz, Risler et Carré, de Paris.

A la photographie, M. Bourgeois a réuni les chefs-d'œuvre des principaux photographes de Paris.

Les eaux minérales françaises sont représentées par les marques de Vichy-Etat, Vittel, Saint-Galmier, Contrexéville, Royat, Vals, Evian et Saint-Alban.

Les Modes parisiennes et la Lingerie de luxe à l'Exposition Universelle de Turin

Le pavillon de la France pourrait aussi s'appeler le Palais de la Mode, car c'est là que les magasins de nouveautés de Paris ont exposé tout ce qui a rapport à la mode. L'aménagement en a été fait avec luxe, un goût exquis, bien parisien, a présidé à l'ornementation des vitrines dont le style est en harmonie avec la décoration.

Les grands magasins de nouveautés de Paris occupent une place importante, la mode, les costumes tailleur, les toilettes, la lingerie, les plumes, les aigrettes, les paradis, fascinent la vue des visiteurs qui restent émerveillés devant toutes ces splendeurs.

L'exposition la plus remarquée, la plus élégante et la plus chatoyante, est sans conteste celle des Magasins du Bon Marché, les directeurs se sont surpassés, ils ont voulu une fois de plus confirmer leur réputation mondiale acquise par les traditions de probité et de correction léguées par M. A. Boucicaut, le fondateur de cette maison modèle, devenue par son importance et le chiffre énorme d'affaires qu'elle fait, la première du monde.

J'ai constaté que le succès du Bon Marché de Paris était considérable à l'exposition de Turin.

La principale vitrine représente un salon parisien. Huit dames du monde portent des toilettes merveilleuses par la richesse des étoffes, exquises par le bon goût que rehausse l'éclat des garnitures. Au milieu du groupe, la maîtresse de maison, qui verse le thé à ses invitées, est revêtue d'une robe de satin noir recouverte de broderies or et turquoise, la dentelle est en points de Milan, à côté une jeune fille drapée dans une robe formant velum, ornée de mousseline jaune brodée avec perles corail sur fond rose, le bas de la robe est en dentelle de Bruges.

La harpiste avec sa robe ton cerise ornée de broderies orientales, a une coiffure qui lui sied admirablement, la dame à côté porte une robe à traîne noire pikinée sur fond rose transparent, ornée de broderies de geai sur mousseline blanche avec dentelle de Milan.

Une dame, assise dans une pose gracieuse, porte avec élégance une robe mousseline de soie jaune sur fond rose avec traîne de ruban Pompadour prenant du devant du corsage et formant les manches avec coiffure à la grecque ornée d'un paradis noir.

La décoration intérieure de la vitrine est d'une élégance somptueuse.

Toutes ces toilettes garnies de dentelles rehaussées de passementeries dorées, ornées d• perles et de geai, que la lumière éléctrique fai scintiller comme des diamants, offrent un cou| d'œil féerique à cette vision d'art. C'est l'éléganc• raffinée où s'étalent la munificence des étoffes, l• grâce soyeuse des contours, complétés par u• goût exquis et un cachet remarquable qui consa crent le chic parisien.

C'est l'apothéose de la Femme!

Le jour de l'ouverture de l'exposition de Turin le Roi et la Reine d'Italie se sont longuemen arrêtés devant les vitrines des Magasins du Bo• Marché, la gracieuse et charmante Reine Hélèn• s'est vivement intéressée aux modèles des robe dont la richesse et le bon goût captivaient so• attention, elle est partie émerveillée.

La mode parisienne est devenue une scienc dans laquelle excelle le Bon Marché.

A côté de la section des nouveautés, celle d la lingerie, le Bon Marché y a exposé des robe en dentelles d'Irlande, des chemises brodées la main, des corsages, des pantalons garnis d dentelles en points d'Alençon, bordés de den telles de Bruges, Milan, Cluny, Venise, Malines Valenciennes ou de Chantilly.

Des services de table chiffrés, des draps ajou rés, des taies d'oreillers brodées ornées de den telles, des layettes de luxe, des trousseau remarquables par leur richesse. L'ensemble d cette exposition captive l'attention des visiteurs.

Le Bon Marché, une des gloires de Paris, s'est surpassé et le colossal succès qu'il a obtenu à l'exposition de Turin est à la hauteur de l'effort fait.

Puisque je parle du Bon Marché, j'ajoute que c'est le magasin de nouveautés qui fait le plus gros chiffre d'affaires du monde.

Sa suprématie universellement reconnue est due aux efforts constants des directeurs actuels, MM. Fillot, Ricois, Lucet et Caslot, constamment tenus en éveil par des idées de progrès.

Pour suivre la mode parisienne dans toutes ses évolutions, et mettre en valeur les parures qui font le charme et la beauté d'une femme élégante, il faut se livrer à des études qui demandent une connaissance approfondie de tous les arts, une habileté d'exécution incomparable et enfin des facultés créatrices qui seules se rencontrent dans ces sanctuaires fameux de la mode parmi lesquels la Maison du Bon Marché s'est fait une place hors ligne, marchant de pair avec les plus fameuses renommées, et affirmant chaque jour davantage un succès légitime par ce double mérite : offrir dans des conditions exceptionnellement avantageuses les créations les plus diverses, les plus nouvelles, et portant toutes, des plus somptueuses aux plus simples, un cachet incomparable de distinction, de goût et de chic.

Ce résultat merveilleux est atteint par l'ensemble d'une organisation admirable qui unit à la volonté directrice la diffusion du travail et qui, embrassant toutes les branches de l'industrie moderne, s'affranchissant de toute dépendance extérieure, permet de réaliser mieux et meilleur marché que qui que ce soit tout ce qui constitue le domaine du costume féminin.

C'est de la collaboration du chef de comptoir et de ses premières d'atelier que naît la forme nouvelle, leur rôle est à la fois de se souvenir et d'imaginer ; il leur faut avoir dans l'esprit, l'harmonie des draperies antiques et les somptueux coloris de la Renaissance, la grâce de Louis XV et le charme de 1830, et il leur faut aussi deviner ce qui sera nouveau demain, inventer ce qui fixera la préférence de leurs nombreuses clientes.

Et il en est ainsi dans toutes les branches que la mode intéresse : chapeaux, merveilles de grâce ou de fantaisie audacieuse ; vêtements du soir aux enveloppements soyeux, ou correction pratique des manteaux de voyage ; fins linons des lingeries ; partout se retrouve même souci de plaire, même soin dans l'exécution, même modération dans les prix, même réussite auprès d'une clientèle assidue qui sait d'avance trouver aussi de la part d'un personnel empressé et expérimenté, un guide dans le choix de ce qui répond le mieux à ses désirs.

La faveur du public qui, tous les jours, se presse dans les vastes magasins du Bon Marché, est, on le conçoit, le plus puissant des stimulants pour l'administration du Bon Marché.

La première pierre des bâtiments actuels du Bon Marché fut posée le 9 septembre 1869 par M. Boucicaut. Sous cette pierre, dans une boîte de plomb, est renfermée une déclaration sur parchemin signée de Boucicaut, de son fils et de ses collaborateurs principaux.

On y lit : « Je désire donner à cette construction, toute spéciale, une organisation philanthropique qui me permette, en me rendant utile à mes semblables, de témoigner à la Providence toute ma reconnaissance pour le succès dont elle n'a cessé de couronner mes efforts... ». Cette déclaration simple et grande peint l'homme tout entier.

L'installation, telle qu'elle existe aujourd'hui dans des galeries spacieuses et bien éclairées, où la circulation est facile, où les dégagements sont commodes et nombreux, cette installation pratique ne fut définitivement terminée qu'en 1887.

La superficie occupée par le bâtiment principal est de 9.696 mètres carrés ; il a ses façades importantes sur les rues de Sèvres, du Bac, de Babylone et sur la rue Velpeau.

Les Magasins du Bon Marché — une des curiosités de Paris — sont la plus grandiose entreprise commerciale du monde. M. Aristide Boucicaut, était aussi, comme on va le voir, un philanthrope émérite.

Avant même que le fondateur des Grands Magasins du Bon Marché eût solidement édifié sa fortune personnelle, il songeait à la rendre profitable à tous.

Il fonda, en 1876, une caisse de prévoyance, voulant ainsi améliorer le sort de ses employés.

L'œuvre a pour but d'assurer à chaque employé un capital dont il puisse disposer au moment où il quittera la maison, ou qui, en cas de décès, profitera aux siens. En 1876, le nombre des participants était de 128 et le capital de 62.020 francs. Au 1er août 1910, les participants étaient 3.329, et le capital atteignait 5.921.225 francs.

Les sommes versées aux employés des deux sexes s'élèvent à 4.163.187 francs, prélevés sur les bénéfices.

La mort d'Aristide Boucicaut ne devait pas interrompre son œuvre. Mme Boucicaut, héritière d'une haute pensée, eut à cœur d'en assurer l'épanouissement. Le 4 août 1886, elle fondait une Caisse de retraite en faveur de ses employés et par deux dons successifs, la dotait de cinq millions de francs.

Depuis, les administrateurs du Bon Marché sur la louable initiative de l'honorable M. Fillot, ont dans un superbe élan de charité, créé une dotation spécialement destinée à secourir immédiatement ceux que la disparition du chef de famille a laissés dans la détresse. Et ainsi, dans cette immense famille commerciale, tous se trouvent préservés contre les incertitudes du lendemain par cet ensemble admirable d'institutions dotées avec une incomparable munificence. Au 1er août 1910, le capital de la Caisse était de 7.122.778 francs, le fonds spécial s'élevait à 16.199.298 francs, et les sommes affectées aux veuves et aux orphelins mineurs dépassaient 537.918 francs.

Depuis sa fondation, la Caisse a fourni 862 pensions. Actuellement 697 employés du Bon Marché sont retraités ; leurs pensions forment un total de 466.130 francs ; en outre, 51 orphelins mineurs reçoivent des secours mensuels.

Quel beau geste de solidarité humaine.

MM. Fillot, Morin, Ricois, Lucet et Caslot ont des droits à la reconnaissance de leurs 7.000 employés, car ils sont des bienfaiteurs de l'humanité.

L'institution du *Bon Marché* apparaît aussi grande par son développement commercial que par l'importance de son œuvre sociale.

Quand les nouveaux agrandissements en cours d'exécution rue du Bac seront terminés, les Magasins du Bon Marché deviendront les plus beaux, les plus vastes, les plus importants, les mieux aménagés du monde entier, ils seront dans leur complet épanouissement et resteront une des plus remarquables curiosités de Paris.

Dans les expositions universelles, de Paris, Chicago, Amsterdam, Saint-Louis, Liège, Milan, Lyon, Londres et Bruxelles, les plus hautes récompenses ont été accordées aux Magasins du Bon Marché.

Les avantages multiples constamment offerts à

tous les comptoirs, à l'importante clientèle, justifient la devise adoptée :

« Vendre le meilleur marché et entièrement de confiance ».

Le pavillon de la Ville de Paris

Au centre même de l'exposition, à l'entrée du pont monumental, se dresse le pavillon de la ville de Paris. C'est le bijou de la section française.

Fluctuat nec mergitur.

Le bateau flotte, mais ne sombre pas.

La Ville Lumière maintient sa devise.

Cet élégant pavillon a été aménagé avec un goût exquis, les objets d'art, tapisseries des Gobelins, miniatures, tableaux, bronzes d'art, etc., captivent l'attention des visiteurs et constituent une leçon d'histoire.

Les Colonies françaises

Les colonies françaises sont très bien représentées. La Cochinchine, la Tunisie et l'Algérie ont leurs pavillons de couleurs locales. Aux portes se tiennent des soldats indigènes, j'en ai vu plusieurs ayant la poitrine constellée de décorations où parmi figurent la croix d'honneur, les médailles militaires du Tonkin, du Dahomey et de Madagascar. Quels beaux types que ces hommes au teint bronzé dont la corpulence indique la force physique. Dévoués à la France, ils ont combattu pour elle dans les colonies.

Le pavillon de l'Algérie est des plus intéressant à visiter. Les échanges de notre colonie africaine avec la France se sont élevés en 1910 à 1.072.000.000 de francs, soit une augmentation sur 1909 de 164.000.000 pour l'exportation et 53.000.000 pour l'importation.

Le pavillon des vins et liqueurs

La section française en rehausse l'intérêt avec ses grandes marques de vins de Champagne et de Saumur, telles que : Vve Cliquot, Duc de Montebello, Rœderer, Mümm, Moët et Chandon, Mercier et Bouvet-Ladubay.

La marque *Bouvet-Ladubay*, très réputée, est surtout appréciée en Angleterre où il s'en consomme plusieurs millions de bouteilles.

Les petits-fils de *Bouvet-Ladubay*, propriétaires des caves de Saint-Hilaire-Saint-Florent à Saumur continuent les traditions de loyauté qui leur ont été léguées par leurs ancêtres.

La section des vins en bouteilles est complétée par les marques françaises les plus réputées qui sont : Château-Yquem, Sauternes, Graves, Fronsac, Barsac, Saint-Julien, Château-Laffitte, Château-Lagrange, Château-Latour, Château-Margaux, Mouton-Rothschild, Haut-Médoc ; des crus de Bourgogne, tels que : Baune-Hospice, Clos Vougeot, Pommard, Corton, Volney, Mussigny, Montrachet, Moulin-à-Vent, Mâcon, Chambertin, tous ces crus authentiques ont une réputation mondiale.

Parmi les liqueurs, je remarque la Chartreuse — la vraie des Pères Chartreux — la Bénédictine, l'Abricotine, l'Anisette Marie-Brizard, la Prunelle, la menthe Ricqlès, la liqueur Combier, etc.

Les vins d'Italie les plus réputés sont ceux de Chianti, d'Asti et de Marsala. Les marques de vermouth de Turin sont exposées.

Le palais des machines

La galerie des machines pleine d'animation est l'apothéose de la mécanique, le triomphe de la métallurgie. Tout ce qu'ont produit les inventions est réuni dans le vaste hall. Machines à vapeur et électriques, ascenseurs, turbines, ponts roulants, cylindres, générateurs, chaudières, pompes à vapeur et hydrauliques, broyeurs, concasseurs et élévateurs, rien ne manque à cette exposition remplie d'intérêt. Les hauts fourneaux, les forges, les fonderies et les aciéries y sont représentés.

Les forges et aciéries de la marine, les forges d'Azincourt, du Chambon-Feugerolles, présentent leurs produits; Châtillon-Commentry, ses blindages.

Le Creusot expose ses canons, ses mitrailleuses; Firminy, ses obus, pièces de forge et l'outillage au complet; Commentry-Fourchambault, ses blindages d'acier pour les cuirassés, les navires de guerre et des engins de guerre; Unieux, des blocs d'acier coulé, des pièces en acier chromé; Saint-Étienne, des pièces forgées; Longwy, Stenay, Montataire et Imphy, des aciers à ressorts, des rails en acier. L'exposition de la Société des métaux, les métaux précieux, tels que l'or, l'argent, le nickel, l'aluminium et le platine sont exposés dans des vitrines décoratives.

L'exposition, divisée en 26 groupes, n'est pas seulement industrielle, elle a pour but de montrer le chemin parcouru par la nation italienne dans toutes les branches de l'activité physique, intellectuelle, économique et morale. Aussi comprend-elle : l'éducation et l'instruction, la défense nationale, l'agriculture et le commerce, les problèmes scientifiques et leurs applications, l'industrie des chemins de fer, des travaux publics et de l'électricité, le journal et les arts graphiques, la mode et les sports.

Quelques pavillons étrangers construits et aménagés dans le style de chaque pays embellissent avec leur originalité et leur polychromie la cité du travail.

Les coupoles toutes dorées ajoutent à l'ensemble un décor merveilleux.

Quelle place tient la France au milieu de tout cela ?

L'une des principales ; la première, en tout cas, qu'occupent à Turin les nations étrangères.

L'Aquarium, un des plus importants que j'ai vus dans les expositions, a été installé d'une manière grandiose. Dans les 90 réservoirs se trouvent représentées toutes les espèces de crustacés, poissons, coquillages et algues marines.

La section italienne est remarquable pour la splendeur de son installation. Nos amis d'au delà les Alpes ont bien fait les choses, leur exposition est grandiose.

Tout impressionne dans la section italienne, l'art y apparaît sous toutes ses formes et dans toutes ses applications. L'Italie moderne s'y révèle dans sa splendeur, sa grandeur et son activité industrielle et commerciale.

Les arts, les sciences qui caractérisent la patrie de Michel-Ange, Raphaël, Léonard de Vinci, le

Tasse, Virgile et Cavour, y sont représentés d'une manière magistrale. Tout donne la notion exacte des progrès accomplis par la grande nation qu'est maintenant l'Italie. Ses expositions affirment son génie, sa puissance, ses progrès et sa prospérité. C'est une grande manifestation nationale.

Voici les dentelles de Venise, celles exposées par la maison Melville et Ziffer sont merveilleuses et font l'admiration des visiteuses.

L'an passé, j'ai visité à Venise la fabrique de MM. Melville et Ziffer, qui est la plus importante et la plus réputée.

J'ai remarqué avec quelle dextérité les ouvrières fabriquaient ces dentelles dont certaines se vendent jusqu'à 5.000 francs le mètre. Celles-là sont destinées à des Cours Impériales et royales qui en apprécient la beauté et la richesse.

La vitrine de la fabrique Melville et Ziffer est la plus remarquée.

La salle des verroteries d'art fabriquées à Venise, à Burano et à Murano est féerique, c'est le palais des Mille et une nuits, l'alcazar du roi Maure. De lustres éblouissants par la pureté du cristal, s'échappent des flots de lumière, c'est l'exposition de la maison Griffon frères, de Venise, dont j'ai visité les superbes magasins de la place Saint-Marc. Les articles que fabriquent MM. Griffon frères — nos compatriotes — sont de véritables objets d'art.

Sur des tables finement sculptées sont rangés

avec symétrie des hanaps d'origine germanique, employés au moyen âge, des verres aux torsades gracieuses, des vases multicolores décorés de fleurs et d'arabesques, des surtouts de table en cristal, des écrins renfermant des pièces d'art destinés à des souverains, ainsi qu'aux palais royaux.

Parmi les pièces exposées dans le palais de la Mode, je citerai les reproductions de la coupe Beroviero du musée Correr à Venise, évaluée cent mille francs.

La coupe du musée Bargello, de Florence, qui est un bijou de l'art de peindre le verre.

La coupe du musée de Bologne, illustrée par Giosée Carducci.

Le broc émaillé du musée du Louvre.

La coupe vénitienne de la collection Slade du British Museum de Londres.

La coupe du Trésor de Saint-Marc, de l'époque de Charlemagne, trouvée sous les décombres du campanile de Venise, le 14 juillet 1902, et j'en oublie.

Dans toutes les merveilleuses pièces exposées par MM. Griffon frères, de Venise, la recherche constante de l'alliance de l'art avec l'industrie se manifeste hautement.

Venise, la reine de l'Adriatique, Venezia-la-Bella, est sans conteste le diadème de l'Italie. C'est là ville qui dit que l'Italie a pour cadre la poésie et l'art. N'est-ce pas à Venise que sont écloses de poétiques légendes dans le berceau même de l'histoire, Venise, bâtie sur les lagunes de l'Adriatique, est arrosée par les canaux qui traversent la ville en tous sens.

L'ancienne cité des doges fut depuis le moyen âge le centre d'une prospère république aristocratique qui, sous le gouvernement de ses illustres doges, étendit sa puissance sur une partie de la Lombardie, la Dalmatie, l'Albanie, une partie de la Morée, en Grèce, et de la Macédoine.

Venise est fière de son passé, de son histoire, de ses palais, de ses musées, de ses églises étincelantes d'or et de pierreries, du palais des Doges, de son incomparable place Saint-Marc avec son campanile qui, écroulé en **1902**, a été reconstruit. Venise ! dont la marche rythmée des gondoles est faite pour bercer les douleurs et aussi les amours, donne à l'étranger une impression profonde.

Rien de plus troublant qu'une promenade en gondole sur les **150** canaux qui sillonnent la ville et où l'œil perçoit les palais de style byzantin qui sont autant de souvenirs de l'ancienne splendeur de la reine de l'Adriatique. Des cris aigus poussés par les gondolieris — s'avertissant réciproquement aux angles des canaux — troublent seuls, et d'une façon sinistre, le silence qui règne sur la ville. Ces promenades en gondole sont un des charmes de la vie paisible de Venise. On s'abandonne facilement au *dolce farniente* pendant ces délicieuses excursions jusqu'au Lido.

On est si bien pour rêver au fond d'un camérino bercé par la lagune, à demi couché sur de moelleux coussins, on y voit se succéder le pont de Ri Alto, le pont des Soupirs, qui fut autrefois témoin de drames sanglants, les anciennes demeures des doges, les musées décorés de statues, le palais de justice, les églises aux marbres multicolores patinés par l'œuvre des siècles. A travers ce dédale de canaux, l'oreille écoute le clapotement de l'eau et compte les coups rythmés de la rame du gondolieri. Quelquefois — le soir surtout — les accents d'une mélodie, ou les sons d'une mandoline arrivent jusqu'à vous, et communiquent à votre corps alangui, à vos nerfs détendus, une voluptueuse paresse qui n'est pas le sommeil, mais qui tient du rêve.

Venezia-la-Bella ! est bien le pays du rêve et de la légende.

Le royaume d'Italie est représenté par les pavillons du Piémont, de la Vénétie, de l'Emilie, de la Sardaigne, de la Sicile, de la Lombardie, de la Campanie, des Pouilles et de la Romagne, tous les objets qui y sont exposés évoquent l'antiquité romaine.

Le pavillon de la Belgique

La section belge démontre d'une manière éclatante, la prospérité toujours croissante de la Belgique. On y voit les produits du Congo belge dont l'essor se manifeste. Léopoldville située sur le fleuve du Congo, fondée par Stanley en 1881, est devenue une ville importante. Le Congo belge est une mine d'or par ses richesses, il occupe une superficie de 2.382.800 kilomètres carrés et compte 20 millions d'habitants.

On comprend que les Allemands cherchent à s'emparer du Congo français, en attendant qu'ils puissent prendre le Congo belge. La pieuvre allemande arrivera-t-elle à atteindre le but qu'elle poursuit et qui est de planter ses tentacules dans la proie vivante du Congo belge. Avec un cynisme bien teutonique, les pangermanistes ne cachent pas leur désir d'absorber tôt ou tard l'admirable colonie fondée avec les capitaux belges et défrichée par l'ardeur persévérante des pionniers belges. En attendant que la proie soit avalée et digérée, l'avidité allemande désire pouvoir en aspirer les profits et y faire pénétrer son influence dominatrice.

Que nos amis les Belges se méfient de leur perfide voisine.

Malheur à qui se fie à la fausse amitié allemande.

Le pavillon de la Hollande

Son architecture est typique, c'est bien le style néerlandais dans tous ses détails et dans toute son originalité.

L'intérieur est décoré de portraits de la gracieuse et bien-aimée reine Wilhelmine dont la devise est : « Je maintiendrai ».

Dans des vitrines chatoyantes des costumes de Amstellodamoises qui siéent si bien à leurs douces physionomies.

Des vitrines renferment les produits des colonies hollandaises.

Après l'Angleterre, c'est la Hollande qui en possède le plus grand nombre.

Elles comprennent dans les Indes orientales, l'île de Java et Madura, l'île de Sumatra, la plus grande des îles de la Sonde, et Kiouw, Banko, Billiten, l'île Bornéo, les îles Célèbes, Menado, Ternate, Amboine, Timor, Bali et Lombok.

Dans les Indes occidentales ou Antilles, l'île de Curaçao, Bonaire, Aruba, Saint-Martin, Saba et Saint-Eustache ; dans l'Amérique méridionale, Surinam, ou Guyane néerlandaise ; soit pour l'ensemble de toutes ces colonies, une superficie totale de 2.668.500 kilomètres carrés, occupée par une population de 34.207.500 habitants. L'éloquence de ces chiffres démontre la puissance coloniale du royaume des Pays-Bas. Une partie des colonies des Pays-Bas fut conquise avant le xve siècle, époque à laquelle les Portugais disputèrent aux Hollandais l'empire des mers.

Le pavillon de l'Angleterre

Avec cet esprit pratique qui les distingue, les Anglais ne considèrent pas une exposition comme une fête, une satisfaction morale, qu'une nation s'offre à elle-même et aux autres en sacrifiant pour cela du temps et de l'argent, mais simplement comme une affaire. L'exposition de ses produits n'est pas une forme de publicité pour l'industriel.

Le pavillon de l'Angleterre est un des plus importants de l'exposition turinoise. Bâti sur la place, il est adossé aux fontaines monumentales qui ont été une des attractions les plus réussies de 1898, et qui ont été conservées.

Cette exposition démontre la puissance et la richesse de la Grande-Bretagne. A côté, l'Inde, la plus grande colonie de l'Angleterre, représentée par un pavillon de style hindou.

Le pavillon du Canada évoque, pour tout Français qui le visite, des souvenirs ainsi que des regrets, puisque cette belle et grande colonie, si florissante, a fait partie du domaine colonial de la France. Les vieux Canadiens que j'ai vus à Québec, à Montréal, à Ottawa regrettent toujours la mère patrie et c'est avec des larmes dans les yeux qu'ils parlent de la France.

La Nouvelle-Ecosse qui fait partie du Canada, fut aussi colonie française jusqu'en 1713.

Le Canada, trois fois grand comme la France, fut reconnu par Jacques Cartier, le célèbre navigateur de Saint-Malo ; envoyé par François Ier, il atteignit Terre-Neuve et prit possession du Canada en 1534, le Canada resta possession française jusqu'en 1763, époque à laquelle l'Angleterre s'en empara.

J'ai visité le Canada, Québec, Montréal, Ottowa et le Saint-Laurent qui m'ont laissé d'agréables souvenirs.

Le pavillon de la Russie

Il est de couleur locale. L'aménagement intérieur est des plus séduisant. Ce sont les fourrures qui captivent les regards féminins. Les marchands de Pétersbourg, de Moscou, de Nijni-Novgorod — le grand marché du monde — ont exposé de superbes peaux de zibelines, d'astrakans, de renards du Pérou, de martres, de renards blancs et argentés, de loutres de mer et de Kharbine, skungs, rats musqués, hermines d'Arménie, et de chinchillas d'Alaska.

Des vêtements de fourrures d'une richesse étonnante décorent les vitrines. Les produits minéralogiques, aurifères, argentifères, diamantifères, donnent un aperçu de la richesse du sol russe imparfaitement exploité.

Nos alliés ont bien fait les choses, leur exposition est grandiose, imposante et intéressante. Le pavillon de la Russie couvre une surface de 2.000 mètres carrés.

Le pavillon de l'Espagne à côté, est la reproduction du splendide palais historique Monterrey de Salamanque. On remarque dans le salon, les superbes tapisseries historiques envoyées par le Roi Alphonse.

Le Pavillon de l'Allemagne

L'Allemagne est la nation avec laquelle l'Italie a les relations commerciales les plus importantes,

Il est donc naturel que l'Allemagne entretenant de si fortes relations commerciales avec l'Italie, prenne une large part à l'exposition industrielle italienne.

Le pavillon de l'Allemagne a été bâti sur la rive droite du Pô en face de la grande place qui sert de tête au pont monumental, il occupe une étendue de 9.000 mètres carrés environ, et une longueur totale de 270 mètres environ.

L'Allemagne se trouve avoir une surface de 40.000 mètres carrés environ.

A l'entrée, le salon impérial, on y a placé une statue colossale représentant Guillaume II, en costume d'amiral.

Le plus audacieux des Souverains a la main droite appuyée sur son épée qui semble toujours prête à sortir de son fourreau !

Après les meubles de style lourd, la métallurgie, des machines industrielles de Dusseldorf et de Bielefeld. Des engins de guerre, des obus, des obusiers, des mitrailleuses, des canons prêts à vomir la mitraille, c'est l'exposition de Krupp, le plus grand destructeur de l'humanité !

La guerre a toujours été l'industrie nationale de l'Allemagne, a dit Mirabeau.

L'importance de l'usine Krupp, située à Essen, dans la Prusse rhénane, a pris un essor considérable.

En 1880, Krupp employait 13.000 ouvriers, en 1907, on en comptait 70.000.

L'industrie allemande a pris une fabuleuse extension, les mines de houille doublant, et les mines de fer triplant leur rendement en vingt ans. Si les grandes fortunes se sont étrangement accrues pendant la phase de prospérité qui va de 1896 à 1907, celle du prince Henkel de Donnersmark passant de 80 à 230 millions, et celle du duc d'Ujest de 57 à 200 millions, d'après les tableaux de l'impôt sur le revenu, une armée ouvrière s'est entassée dans les villes. Cologne a triplé son effectif depuis 1875 ; Dusseldorf, Bielefeld, Barmen, ont dépassé le contingent de 300.000 âmes. Ruhrort, Duisbourg, jadis bourgades secondaires, ont grandi comme les cités-champignons des Etats-Unis. C'est là qu'il faut chercher le secret de l'évolution politique de l'Allemagne, et alors elle apparait dans toute sa puissance.

Berlin qui en profite compte maintenant 2.040.600 habitants.

Le Pavillon de la Hongrie

Par son aspect, par sa forme et par son architecture, le pavillon hongrois est d'une audacieuse originalité, ses ornements que le spectateur habitué aux formes conventionnelles trouvera peut-être bizarres, lui assignent une place à part parmi les palais d'exposition. Ses contours, qui se dessinent dans de grandes lignes fortement courbées évoquent d'étranges réminiscences orientales. On y retrouve des souvenirs des Indes et de la Perse.

Les architectes ont voulu exprimer dans l'architecture de ce pavillon une pensée bien artistique. Ils ont fouillé les rares vestiges de la vie des Hongrois du temps de la conquête pour nous les présenter rajeunis par la technique de l'architecture moderne. Ils ont voulu montrer dans un cadre bien hongrois la vie intellectuelle, l'industrie et l'agriculture de ce peuple d'Orient qui s'est acclimaté en plein Occident.

L'écusson hongrois porte trois collines, qui symbolisent les trois montagnes de la légende, les plus hautes que les conquérants du pays aient franchies dans la nouvelle patrie.

La disposition du pavillon nous rappelle ces trois collines. Nous voyons trois tentes en pyramide ; la plus haute surmonte la galerie des fêtes.

L'État hongrois couvre une superficie de 324.851 kilomètres carrés. Maintenant il compte plus de 20 millions d'habitants. Pendant le dernier siècle l'accroissement de sa population a été relativement rapide. Pendant les guerres napoléoniennes elle était évaluée de 8 à 9 millions d'âmes.

Le recensement a relevé :

13.191,553 âmes en 1850
17.463,791 » » 1890
19.254,301 » » 1900

Comme Etat et comme pays parlementaire la Hongrie compte parmi les plus anciens en Europe. Son histoire remonte à 896, date à laquelle les Hongrois conduits par le chef Arpad conquirent l'ancienne Pannonie.

Le pavillon du Brésil captive l'attention des visiteurs. Le Brésil colonisé du xvie siècle par les Portugais se rendit indépendant en 1822, en 1889, la République y fut proclamée. Le plus vaste Etat de l'Amérique du Sud est traversé par le fleuve Amazone, qui a 6.420 kilomètres de parcours. Le Mississipi, en a 4.620, le Missouri, 4.847, le Nil, 6.500

La rade de Rio de Janeiro, que j'ai vue en plan relief à l'exposition de Bruxelles, est une des plus belles du Monde.

Les Brésiliens sont les héritiers des richesses accumulées sur le continent européen par des siècles de luttes et d'efforts. Rio de Janeiro, Buenos-Aires sont comme deux filles plus jeunes, envoyées au nouveau monde, ouvrant d'un geste ces vastes régions, qui sont réservées aux enfants de Rome et qui attirent, sur ces rives de l'Atlantique, les énergies errantes de l'Europe.

La production mondiale de cafés est de 105 millions de kilos de cafés, le Brésil en exporte 51 millions.

Le diamant qui est une des richesses du Brésil y fut découvert en 1727 par Bernard da Fonseca Lobo.

Dans l'Etat de Matto Grosso, le commerce d'aigrettes est fait surtout par la tribu des Guatos qui les vend à des négociants en voyage à Corumba.

Les plumes de la tête des mâles, qui sont très peu nombreuses, atteignent le prix d'un *conto* (1.570 francs) le kilo, sur les lieux mêmes d'achat. Sur les marchés d'exportation elles valent cinq ou six fois plus.

L'exportation générale des plumes d'*Aigrette* a été de 165.759 grammes en 1906.

Le Brésil fait également un commerce d'exportation très important de plumes d'*Ema*, ou autruche américaine, connues improprement en Europe sous le nom de « plumes de vautour ». Ces plumes d'autruche sont de deux catégories : les unes, blanches, servent à la fabrication d'articles de fantaisie et notamment à la confection des *boas* ; les autres, grises, sont employées par les fabricants de plumeaux.

Un certain nombre d'Etats expédient des plumes d'autruche à l'étranger et cette exportation a été de 1 million 914 grammes en 1907.

Comment décrire toute les richesses que recèle le sol brésilien.

Depuis l'époque où les Portugais ont érigé le Brésil en colonie jusqu'à nos jours, il en a été extrait le chiffre énorme de 700.000 kilos d'or. Dans presque tous les États, l'or a été découvert et est exploité depuis 1824, l'exportation de l'or en barre du Brésil a atteint le chiffre de 4.165.017 grammes en 1908. Puis, c'est le fer, le manganèse, le cuivre, le platine, le mercure et le plomb. L'exportation générale du cuivre du Brésil a été de 1 million 463.829 kilos en 1907.

Ce sont le Brésil et le Transvaal qui produisent le plus de diamant.

C'est à l'Etat de Bahia que l'on doit la plus grande production de ces fameux diamants noirs, appelés *carbonados* qui sont employés dans les perforateurs à diamants.

Le plus gros carbonado fut trouvé en 1835, à Lençoes, dans l'État de Bahia. Il pesait 3.150 carats.

Les autres gros diamants du Brésil sont *L'Etoile du Sud*, trouvé en 1853 dans les alluvions du fleuve Bagagem, qui pesait brut 254,5 carats et pèse, taillé, 125,5 carats; et le *Diamant de Dresde*, trouvé en 1857, dont le poids était de 117,5 carats à l'état brut et de 63,5 après la taille. Ils sont tous deux, actuellement, en la possession d'un prince indien.

Les grenats, de taille facile, se trouvent dans beaucoup de rivières, et notamment dans les rivières des Etats de Minas, Bahia, Espirito Santo.

Le Brésil exporte pour 50 millions de tabacs,

100 millions de riz, et produit 286.516.148 kilos de blé.

Le Pavillon de la République Argentine

La République Argentine a une superficie de 118 millions d'hectares, sur lesquels 18 millions seulement sont cultivés. Il y a beaucoup à faire dans ce pays pour les émigrants.

Pour donner une idée de la fertilité de ces régions encore inexploitées, je vais citer la production des céréales en 1910 :

3.710.000 tonnes de blé (la tonne est de 1.000 kilos) ;

685.000 tonnes de lin ;

590.000 tonnes d'avoine.

Depuis 1857, la République Argentine a reçu 3.640.000 émigrants dont 1.892.000 Italiens, des Allemands, peu de Français.

L'Argentine comme le Brésil, offre des ressources aux émigrants qui veulent y aller, c'est une contrée riche, fertile, dotée de mines d'argent et de plomb, l'élevage y est important, si l'on considère que la superficie est de 2.806.000 kilomètres carrés tandis que celle de la France n'est que de 536.408. La République Argentine a donc plus de quatre fois la surface de la France.

Le Pavillon du Chili

Le Chili est le grand producteur de nitrates. Sa production a été en 1910, de 55 millions de quintaux, et la consommation du monde est de 58.860.000 quintaux. Les cinq Républiques de l'Amérique centrale sont représentées par les pavillons du Guatemala et du Nicaragua.

La superficie de 529.720 kilomètres carrés que forment les cinq Etats de l'Amérique Centrale, est égale à celle de la France continentale, et supérieure à celle de l'Italie et de ses îles, et à chacun des pays américains suivants : Colombia, Chili, Venezuela, Bolivie, Cuba, Canada, français, Equateur, Haïti, Paraguay, Uruguay, Porto-Rico, Dominicaine et Panama. Par ordre d'importance superficielle, il faut citer le Nicaragua avec 159.650 kilomètres carrés, le Honduras avec 156.000, le Guatemala avec 130.000, le Costa-Rica avec 54.070, et le Salvador avec 30.000 kilomètres carrés. On évalue à 4.484.000 habitants la population des cinq Etats.

Le Guatemala : 1.842 000 habitants ; le Salvador : 1.115.000 habitants ; le Nicaragua : 600.000

habitants ; le Honduras : 575.100 habitants, et le Costa-Rica : 351.779 habitants.

Les pavillons de la Chine et du Japon sont remplis d'originalité. Le Japon, la terre du soleil levant, est devenu une des grandes puissances mondiales.

Les ressources de toutes catégories et les produits manufacturés de provenance directe du Japon qui sont exposés montrent aux peuples de l'Occident les pas gigantesques effectués par le pays et donnent une idée non seulement de sa position déjà conquise, mais du brillant avenir qu'il a devant lui.

On est émerveillé de voir tous les produits et objets d'art japonais étalés avec cette dextérité minutieuse et ce goût parfait et populaire si caractéristique chez ce peuple.

L'exposition montre le Japon ancien et moderne, le Japon qui travaille et le Japon qui s'amuse, le Japon à la guerre et ce qui a la plus grande importance, le Japon réalisant ce développement économique systématique qui contribue directement au bien-être de son peuple et par suite à celui du monde entier.

Le Japon, comme le Brésil, possède un sol riche. On y trouve des mines d'or, d'argent, de fer et de cuivre. La végétation sous un climat chaud et doux est luxuriante ; la faune assez riche. La superficie qui est de 417.412 kilomètres carrés, est occupée par 52 millions d'habitants.

Le Palais des chemins de fer à l'exposition de Turin

Dans l'immense hall destiné au matériel des chemins de fer, les compagnies italiennes, allemandes, anglaises, belges, françaises, suisses, suédoises et autrichiennes ont cherché à rivaliser. Des locomotives, des wagons de luxe, des fourgons, des sleping-cars, sont alignés et intéressent vivement les visiteurs.

Le matériel le mieux construit, les wagons de luxe aménagés avec le plus d'élégance et de confort, sont ceux de la Compagnie Paris-Lyon-Méditerranée.

La grande compagnie française qui a souci du bien-être des voyageurs, ne recule devant aucun sacrifice pour maintenir sa réputation justifiée. La Compagnie du P.-L.-M. est le trait d'union entre la France et l'Italie, par les avantages qu'elle offre constamment aux touristes qui veulent aller visiter l'Italie, pays du rêve et de la musique. La première des compagnies françaises a été un des apôtres les plus zélés du rapprochement de l'Italie et de la France. Elle a, de plus, fait tous ses efforts pour faciliter le développement agricole en réduisant ses tarifs et prenant les plus sages dispositions pour faciliter le transport des produits du midi de la France, et de ceux en provenance de l'Italie.

L'origine de la Compagnie du P.-L.-M. a été la construction du chemin de fer de Saint-Etienne à la Loire ouvert le 1er octobre 1828 pour aller de Saint-Etienne à Andrézieux. Vint ensuite la ligne de Saint-Etienne à Lyon, achevée en 1832.

En 1830, ce fut la ligne de Rive-de-Gier à Givors.

En 1847, la ligne d'Avignon à Marseille, devint la ligne de Lyon à Marseille. Les projets de M. Talabot interrompus par la révolution de 1848, triomphèrent définitivement au début du second empire, le 5 janvier 1852, la ligne de Paris à Lyon fut concédée pour 99 ans, et une loi votée le 8 juillet suivant, cédait à la Compagnie de Lyon à Avignon, toutes les petites lignes adjacentes. La nouvelle société prit le titre de Compagnie de Lyon à la Méditerranée et désigna pour directeur, M. Talabot.

De 1852 à 1857, la Compagnie de Paris à Lyon racheta la ligne de Dijon à Belfort, et la Compade Lyon à la Méditerranée acquérait le réseau de Lyon à Genève et commençait la ligne de Marseille à Toulon.

Les lignes des chemins de fer français représentent une valeur de 22 milliards, rapportant un bénéfice annuel de 730 millions.

Ce n'est pas seulement dans le domaine indusriel que la Compagnie du P.-L.-M. était appelée à rendre d'inappréciables services à la France, elle devait également grâce à son important matériel, à son organisation modèle, à l'activité prodigieuse de ses chefs, au concours dévoué de ses employés, nous apporter un précieux concours dans nos mobilisations militaires.

L'année 1859 est mémorable dans l'histoire du P.-L.-M. et de ses chefs, parce que la Compagnie a concouru au succès des armées françaises en Italie. En 86 jours, le P.-L.-M. transporta du 10 avril au 15 juillet sur le théâtre de la guerre, 227.669 hommes et 36.357 chevaux, assurant la jonction des armées alliées qui combattirent à Montebello, à Palestro, à Magenta et à Solférino pour la délivrance de l'Italie.

La conduite de la Compagnie du P.-L.-M. après la guerre fut au-dessus de tout éloge. Le bilan de l'année 1870-1871, soumis aux actionnaires par le Comte Benoist d'Azy, Président du Conseil d'administration, accusait une moins-value de 12 millions dans les produits nets de l'exploitation, et une perte de 3 millions et demi pour la destruction du matériel, des ponts, des gares, etc., occasionnée par l'invasion des Allemands. La Compagnie avait droit en vertu de la garantie de l'Etat à une somme de *six millions !* elle ne réclama rien, ne voulant pas obérer davantage la situation financière de la France qui venait d'être si odieusement mutilée, pillée, incendiée, bombardée et rançonnée par un ennemi aussi brutal qu'implacable.

Ce beau geste de civisme et de patriotisme valut à la Compagnie du P.-L.-M. la reconnaissance du gouvernement de la République et l'admiration de tous les Français.

La prospérité de la Compagnie du P.-L.-M. ne fait que s'accroître, elle est la ligne favorite des excursionnistes qui préfèrent la rapidité de ses trains de luxe, et savent apprécier le confort de ses spacieuses et élégantes voitures.

L'honorable Président du Conseil d'administration, M. Stéphane Dervillé, qui a succédé à M. Noblemaire, est un homme d'initiative, de progrès, doué de grandes conceptions. Habile administrateur, orateur éloquent et érudit consommé, on lui doit beaucoup dans l'organisation de l'Exposition de Turin.

Les précieux collaborateurs de M. Stéphane Dervillé, sont MM. Mazure, Poulet, Mauris, Margot, ainsi que le sympathique, M. Goy, qui vient de remplacer M. Habert.

34 Etats ont participé à l'Exposition de Turin L'Angleterre, l'Italie, la France, la Russie, l'Allemagne, l'Autriche, la Hongrie, les Etats-Unis, la Belgique, l'Espagne, la Suisse, la Chine, le Japon la Turquie, la Suède, la Norvège, le Danemark le Siam, le Brésil, la République Argentine, le Chili, la Hollande, la Grèce, le Portugal, l'Equateur, le Guatemala, la République Dominicaine, le Nicaragua, la Serbie, l'Uruguay, le Pérou, l

Nouvelle-Zélande, les Indes et le Canada.

Le 12 septembre, commencèrent les opérations du Jury international. La France qui est le principal élément de succès y est reçue avec la plus grande cordialité.

Le ministre des Affaires étrangères de l'Empire de Chine a exercé ses fonctions de membre du Jury, avec un esprit moderniste.

La distribution des récompenses a eu lieu le 19 octobre dans la salle des fêtes, au milieu d'une grande et brillante affluence d'invités.

La cérémonie était présidée par Son Altesse Royale le Duc d'Aoste, en présence du Duc de Gênes et de M. Nitti, ministre du Commerce. Les palmarès furent remis au Commissaires généraux de chaque Nation. Ceux de la France furent remis par le Duc d'Aoste à M. Stéphane Dervillé, commissaire général, qui fut vivement acclamé.

Les nombreuses et hautes récompenses accordés par le Jury aux exposants français attestent le succès colossal remporté par la France à l'exposition de Turin. C'est l'éclatante consécration de ce pacifique tournoi.

M. Dervillé a adressé à M. Couyba, ministre du Commerce et de l'Industrie, le télégramme suivant :

Entouré des membres français du jury, je vous adresse en leur nom et au mien l'expression de nos respectueux souvenirs et de notre joie patriotique pour le succès remporté par la section française, sous votre haute autorité, à l'exposition de Turin.

M. Couyba a répondu :

Très touché des sentiments que vous exprimez en votre nom et au nom des membres du jury, je me réjouis avec vous du succès que la section française a remporté à l'exposition de Turin, et je vous félicite d'avoir si heureusement secondé les initiatives et coordonné les efforts de nos industriels et commerçants.

L'exposition de Turin, qui est une grandiose manifestation nationale est aussi un triomphe pour l'Italie, car elle démontre l'énergie du Piémont, qui, il y a cinquante ans ouvrait ses yeux à la lumière.

J'espère que ma relation sur les expositions de Rome et de Turin intéressera mes lecteurs ; j'ai continué mon voyage au pays où fleurit l'oranger en visitant Naples, Florence, Milan, les lacs Majeur et de Garde, Padoue, Pavie, Parme, Vérone, Bologne, Venise, Pise, Gênes, San-Remo et Vintimille.

Les Palais royaux

Il n'y a pas de nation qui ait autant de résidences royales que l'Italie. Les demeures royales sont au nombre de quinze ; j'ai visité les Palais royaux de Rome, Milan, Florence, Turin, Gênes et de Venise. J'ai été émerveillé de leur richesse intérieure, des trésors y ont été accumulés depuis des siècles.

Le Palais du Quirinal à Rome a été commencé en 1574 sous Grégoire VIII, et plusieurs fois agrandi sous les papes suivants. Il fut construit d'après les plans de Flaminio Ponzio, les jardins sont remarquables. Cette demeure papale est devenue en 1870 la résidence des rois d'Italie.

Le Palais Royal de Milan est, à l'intérieur, d'une splendeur sans égale, la décoration des salles d'honneur est une orgie de dorures.

Le Palais Pitti de Florence, devenu le Palais Royal, a été commencé en 1540 sous les ordres de Lucas Pitti — le redoutable antagoniste des Médicis — et terminé en 1549. Le Palais Pitti servait de résidence aux ducs depuis 1550. Comme Florence était, avant 1871, la capitale de l'Italie, le Palais Pitti devint résidence royale.

Le château de Moncaliéri, près de Turin, célèbre résidence historique du xve siècle, on y remarque la galerie de tableaux représentant les portraits des souverains de la maison de Savoie.

Le Palais Royal de Turin, commencé en 1646, renferme le Musée Royal des armures.

Le Palais Royal de Gênes, construit au xviie siècle, fut acheté en 1815, par la maison de Savoie.

Le Palais Royal de Venise, commencé en 1584 ne fut achevé qu'au XVIe siècle. L'intérieur des nombreuses salles qui se succèdent est décoré très luxueusement. Les meubles en bois sculptés et dorés qui garnissent les salons de réception, la salle des fêtes, ainsi que les tentures en velours de Gênes sont d'une richesse inouïe.

Le Palais Royal de Monza a été construit en 1777 par Marino. C'est dans la cathédrale que se trouve la couronne de fer des rois d'Italie. Le 29 juillet 1900, le roi Humbert Ier fut assassiné à Monza par l'anarchiste Bresci.

Le Palais Royal de Palerme a des fondements d'origine arabe. Robert Guiscard, aventurier normand qui envahit l'Italie, fonda le royaume de Naples. Roger et Mainfroi, rois des deux Siciles, firent construire une partie de la ville. C'était une forteresse qui a été modifiée par la suite.

Le Palais Royal de Capodimonte est situé au-dessus de Naples, les jardins sont les plus beaux du monde. Commencé au XIIe siècle par les Bourbons, il fut achevé au XIXe. Au pied de la terrasse la ville de Naples descend par étages jusqu'à la mer. La jeune et jolie reine monténégrine a retrouvé dans une des salles des souvenirs de sa patrie, dans l'armure dont se couvrait Scanderberg, le célèbre héros albanais, pour défendre au XVe siècle contre les Turcs, l'indépendance de leur commune montagne.

Le château de Racconigi où fut reçu le tsar

Nicolas II, est la résidence préférée du roi Victor-Emmanuel III. On y organise des chasses royales.

Le château de San-Rossore, près de Pise, ancienne métairie ducale fondée par les Médicis, est maintenant le rendez-vous des chasses royales à cause de l'immense forêt de pins qui en dépend.

Le château de Stupinigi est situé à dix kilomètres de Turin, construit sous Emmanuel-Philibert, duc de Savoie, il fut affecté aux chasses royales. C'est actuellement la demeure de la reine Marguerite.

La princesse Clotilde, veuve du prince Napoléon, y mourut le 25 juin 1911, et quinze jours après, sa sœur, la reine Maria-Pia de Portugal. Toutes deux furent enterrées dans la cathédrale de Superga.

Le château de San-Remo, et la villa Favorite de Palerme, sont aussi des résidences royales.

Florence l'Athènes de l'Italie

Florence fut au moyen âge une République prospère, que gouvernèrent les Médicis.

Florence fut le berceau des peintres, des sculpteurs, et des orfèvres ; elle est restée le foyer lumineux des arts, la source du beau, le triomphe du génie italien. C'est le rendez-vous des artistes peintres qui viennent y développer leur talent, en s'inspirant des chefs-d'œuvre légués par les grands maîtres de l'école italienne. Tous les ans, j'ai plaisir à examiner au Salon les toiles exposées par les peintres italiens qui habitent Paris. Ils nous apportent la clarté latine et Paris leur accorde la gloire qu'il ne refuse jamais aux amoureux de la beauté.

L'étoile du génie brillera toujours au front de l'Italie qui fut l'éducatrice de la France.

L'ancienne capitale de la Toscane renferme dans ses palais, dans ses musées et dans ses églises des trésors inappréciables.

Le Panthéon des gloires nationales

Le Santa-Croce de Florence est le Panthéon des gloires nationales de l'Italie. Cette nécropole est grandiose et imposante. De tous côtés s'élèvent des monuments décorés de statues, des sarcophages taillés dans le plus pur Carrare. Le long des murs de clôture des milliers de cases reçoivent les urnes funéraires contenant les cendres des corps incinérés.

Les nécropoles de Florence, Rome, Milan, Pise et de Gênes sont de véritables musées.

C'est là que l'on peut se rendre compte de ce qui différencie les nécropoles de France avec celles de l'Italie. En France on fait des cimetières un lieu de détresse où tout clame la désespérance, le deuil, la tristesse, la mélancolie. En Italie, on s'ingénue à faire du cimetière un asile verdoyant, orné de statues, décoré de sculptures des statuaires florentins.

Je me rappelle avoir vu dans le grand cimetière de Constantinople (situé à Scutari) des femmes turques venir s'asseoir sur les tombes de leurs morts, et rester là pendant deux heures occupées à manger des gâteaux et des bonbons.

Dans les cimetières d'Italie, l'idée du néant ne vous y obsède pas comme en France. La mort nous apparaît sous une forme attendrie. La nécropole de Milan où la blancheur des urnes funéraires et des marbres sculptés se détache sur l'azur d'un ciel radieux, tend plus à charmer les yeux, qu'à frapper l'esprit.

Vérone l'Evocatrice

Vérone, longtemps république indépendante, est une des places fortes de l'Italie, c'est la patrie du célèbre peintre Paul Véronèse.

On s'arrête dans cette jolie cité en souvenir des

amants de Vérone tant chanté, Roméo et Juliette, dont Shakspeare a fait une touchante tragédie, Gounod un délicieux opéra. Roméo et Juliette ressentaient l'un pour l'autre une affection profonde, ils furent les tristes victimes de la haine réciproque de leurs familles, les Capulets et les Montaigus, ils sont restés les types de ceux qui ont le malheur de s'aimer quand des divisions implacables séparent leurs parents.

Le tombeau de Juliette est très visité, ainsi que le château qu'habitait Roméo, situé à quelques kilomètres de la ville.

Les arènes de Vérone contenaient 60.000 spectateurs.

J'ai revu Capoue avec plaisir, jolie petite ville située dans la province de Caserte, Capoue était jadis le séjour le plus délicieux de l'Italie, et ces mots, « Les délices de Capoue », sont restés dans toutes les langues pour définir que c'était à Capoue que l'on trouvait les charmes de la vie et les idéalités terrestres.

Après un long siège, Annibal, le fameux général carthaginois, s'en empara en l'an 216. On accusa l'armée d'Annibal de s'être endormie dans les délices de Capoue.

Naples

L'ancienne ville qui avait son cachet local disparaît peu à peu ; l'œuvre de rénovation entreprise par le gouvernement s'accentue. Naples devient une ville prospère et industrielle. En six ans, 88 usines se sont installées, 11.000 ouvriers y ont trouvé du travail et arrachés de ce fait à la misère. Le mouvement du port s'est considérablement accru. Naples devient un grand port d'émigration et un grand centre d'exportation pour les marchandises destinées à la Tunisie, au Levant et aux nombreuses colonies d'émigrants italiens du Nouveau-Monde. Il sera un jour pour l'Italie du Sud, ce que Gênes est maintenant pour l'Italie du Nord.

C'est une leçon d'énergie que nous donne le peuple italien.

Ce n'est plus la Naples que j'ai vue en 1871, quel changement survenu, quelle transformation opérée surtout depuis 1904.

La fumée de ses usines obscurcit son ciel limpide, le sifflet des navires qui entrent dans son port, la fourmilière humaine qui encombre ses docks pleins de marchandises troublent la beauté de son site. Bientôt les rêveurs et les amants de l'idéal devront la fuir...

Le golfe de Naples est grandiose. On fait de charmantes promenades au bord de cette mer bleue d'où l'œil perçoit à l'horizon l'île de Caprera où résida Garibaldi. Sur la gauche, le terrible Vésuve, l'enfer de l'Italie, lançant son panache de fumée qui obscurcit la voûte azurée de ce ciel incomparable, doré par un soleil éternel. Cet horizon plein d'enchantement est des plus poétique.

Puis, c'est l'île d'Ischia, située à l'entrée du golfe. En 1883, un tremblement de terre la détruisit complètement.

Pausilippe, près de Naples, où se trouve le tombeau de Virgile.

Le mets national

Le macaroni est en Italie le mets national. Il faut aller à Naples pour se rendre compte de la consommation extraordinaire qui s'y fait en pâtes d'Italie ; les raviolis y sont autant consommés que le macaroni.

L'origine du macaroni remonte à 1220, alors que régnait à Naples et à Palerme le roi Frédéric II de Souabe. Un alchimiste nommé Cicho, inventa le macaroni, mais son secret culinaire lui fut dérobé par une femme appelée Jovanella de

Canzio, qui après la cuisson de la pâte, y ajouta du jus de tomates fraîches et du fromage de Parmesan qui se fabrique à Lodi et non à Parme.

Le macaroni, comme la pomme de terre de Parmentier, fut goûté à la Cour. Il y eut le même succès que la pomme de terre; et c'est dans le monde entier que ces deux mets se consomment.

Milan la belle !

A peine est-on arrivé à Milan que l'on se dirige aussitôt vers la cathédrale qui est réputée dans le monde entier. On vient dans la patrie de Manzoni, Ferrari, Beccaria, des papes Pie IV et Grégoire XIV, pour voir le dôme qui n'est ni gothique, ni romain, ni bizantin ; il est de tous les styles. L'ensemble de la superbe basilique décorée à l'extérieur par 1.000 statues en marbre blanc est merveilleux, la conception d'un tel édifice tient du prodige et confond l'imagination. Il a fallu six siècles pour achever cette cathédrale qui de sa base au faîte de son clocher est tout en marbre blanc du mont Carare.

Le dôme de Milan est un des bijoux de l'art chrétien ; c'est après Saint-Pierre de Rome, la plus grande cathédrale du monde. Plusieurs fois j'y suis retourné, car on éprouve une impression indéfinie à la vue de cette profusion d'aiguilles, de pilastres qui semblent entourer la gigantesque cathédrale d'une auréole de dentelle de marbre, c'est grandiose et imposant.

L'intérieur répond à la beauté majestueuse de l'extérieur. Cinq nefs d'une hauteur de 60 mètres, vous donnent une idée de l'immensité de la cathédrale, dont le vaisseau est soutenu par 52 énormes colonnes octogones en marbre blanc.

On connaît de réputation le célèbre tombeau de Saint-Charles Borromée, les deux chaires en bronze doré et les fenêtres de l'abside. Ces fenêtres sont formées par des verrières reproduisant des scènes bibliques et présentant un spécimen de toutes les écoles de peinture depuis Raphaël.

Ce qui donne à cette cathédrale son cachet local, c'est le laisser-aller des fidèles. J'ai rapporté des souvenirs religieux qu'a bien voulu m'offrir le cardinal-archevêque avec lequel je me suis entretenu quelques instants. La cathédrale de Milan est la huitième merveille du monde.

Du haut du dôme, un panorama magnifique s'offre à la vue, l'œil perçoit les montagnes de la Brianza et du Varesotto. En contemplant ce tableau de la nature, on se donne aussi une idée de la grandeur et de l'activité industrielle de la capitale de la Lombardie. Le souvenir du grand général que fut Napoléon Ier, est resté vivace. On y parle encore de sa valeur chevaleresque. Bonaparte pour les Italiens est le symbole de la plus belle épopée militaire, le Foro Bonaparte est situé au bout de la rue Dante.

Hélas ! je n'ai plus vu dans les rues de Milan, les belles signora d'autrefois qui portaient si gracieusement sur leurs têtes la mantille noire. En 1871, lorsque pour la première fois je vins dans la capitale de la Lombardie, je fus frappé par la beauté des Milanaises parées de la traditionnelle mantille qui séyait si bien à leurs douces physionomies. A cette époque on rencontrait dans les rues des jeunes filles qui avaient des yeux bleus comme des turquoises, des dents de perle, des cheveux d'ébène et des épaules d'albâtre. Les Milanaises étaient réputées comme étant les plus jolies femmes de l'Italie. La Fornarina qui inspirait Raphaël était Milanaise.

Pavie, l'historique

C'est de cette ville restée célèbre que le roi François Ier battu et fait prisonnier par les Espagnols de Lannoy et de Pescaire, le 24 février 1525, écrivit à sa mère une lettre laconique lui disant : « Madame, tout est perdu, fors l'honneur ! »

Lescun, maréchal de France, frère de Lautrec, y fut tué ainsi que l'amiral Bonnivet, favori de

François Ier. Le seigneur de la Palice, capitaine français, fut tué à la bataille de Pavie.

Ses soldats composèrent en son honneur une chanson où se trouve ce passage.

Un quart d'heure avant sa mort
Il était encore en vie.

Ce qui voulait dire que jusqu'à sa dernière heure, La Palice s'était battu en brave.

Une des visites à faire à Pavie, est celle du monastère des Chartreux. L'ordre fut fondé au xe siècle par saint Bruno. Ce couvent est une merveille d'architecture, il a fallu plus de 300 ans aux moines qui s'y sont succédés, pour arriver à terminer les douze chapelles qui existent dans l'église. Ces chapelles ont été construites avec des marbres différents. Des mosaïques uniques au monde décorent les autels, des marbres, sculptés, dentelés, se confondent, s'harmonisent d'une manière ravissante. Nulle part on ne peut voir une architecture aussi luxueuse et de meilleur goût. Le travail — on peut dire de bénédictin — accompli pendant trois siècles consécutifs dans les douze chapelles du monastère de Pavie, confond l'imagination et impressionne vivement les visiteurs qui sortent de ce cloître antique, absolument émerveillés. Les 22 tableaux exécutés par Lesueur pour le petit cloître des Chartreux de Pavie, représentent la vie de saint Bruno. Ces tableaux sont au Musée du Louvre.

Parme est une grande et belle ville d'Italie, de fondation étrusque, qui fut jusqu'en 1859, la capitale du Duché de Parme et de Plaisance. Cette coquette cité située sur la rivière Parma est d'un séjour très agréable. La vie y est douce, l'hospitalité large. Les Parmesans sont fiers de leur cité et de leurs violettes.

Les Lacs

Ils sont nombreux en Italie, et tous ont un charme différent.

Le lac Majeur qui renferme les quatre îles Borromées, le lac de Lugano, dont une partie se trouve sur le territoire italien, sont les plus visités des touristes, mais ils n'offrent pas les mêmes charmes que celui de Garde. Ce coin délicieux mérite d'être visité. De Désenzano, on se rend à Maderno, là, le panorama est de toute beauté. Au milieu de cette nature enchanteresse, au dessus des orangers, des citronniers et des lauriers qui exhalent des parfums enivrants, se dressent les cimes neigeuses du mont Baldo, Maderno et Toscalano sont situés sur les dernières ondulations d'un promontoire autour duquel s'élèvent de gracieuses villas noyées dans un fouillis de verdure, éclairées par le soleil blouissant d'un ciel azuré.

C'est dans ce coin du lac de Garde, que Zanardelli venait chercher le repos et l'oubli des luttes parlementaires.

Il avait bien choisi son « Buen Retiro » car le panorama qui s'y déroule vous invite à la contemplation, c'est l'apothéose de la nature. Quels souvenirs on emporte de cette ravissante contrée aux sites ensoleillés dont les artistes ont reproduit la splendeur et les poètes cité les séductions.

La délivrance de l'Italie

Marignan, Marengo, Palestro, Montebello, Turbigo, Solférino et Magenta, noms glorieux qui évoquent le souvenir des victoires remportées par les Français et les Italiens sur les Autrichiens en 1859, époque à laquelle la France mit généreusement son épée au service de l'Italie qui voulait s'affranchir du joug de l'Autriche.

Tous les ans, à Paris, la Ligue franco-italienne commémore les anniversaires de ces batailles, où les soldats français et italiens scellèrent de leur sang l'amitié des deux Peuples.

En Italie on n'oublie pas non plus ces anniversaires immortalisés par la confraternité d'armes en Crimée, puis en Italie. Les patriotes italiens se souviennent que c'est avec les baïonnettes françaises qu'a été hissé le drapeau de l'Unité italienne.

Le blanc et le rouge sont des couleurs communes à nos deux pavillons ; le bleu du nôtre est remplacé par le vert de l'espérance.

Italiens et Français, compagnons d'armes, mêlèrent leur sang sur les champs de bataille du 20 avril au 15 juillet 1859, jour où fut signé l'armistice.

L'armée française comptait 227.670 hommes et 50.000 chevaux. Les batailles les plus meurtrières furent celles de Magenta et de Solférino, où pour repousser 150.000 Autrichiens au delà du Mincio, rivière qui sort du lac de Garde et se jette dans le Pô, on sacrifia 3 maréchaux, 9 généraux, 1.566 officiers, et plus de 40.000 hommes des armées française et italienne. Le 4 juin 1872, à l'inauguration de l'ossuaire de Magenta on compta les restes de 4.000 soldats autrichiens et de 1.500 Français. Le général Espinasse fut tué à Magenta.

Un autre ossuaire a recueilli les restes des soldats tués à Solférino.

C'est la bravoure admirable des zouaves du 3e régiment qui, le 31 mai 1859, décida de la victoire de Palestro.

Le Roi Victor Emmanuel II fut nommé caporal du 3e régiment de zouaves.

C'est à la bataille de Palestro que Victor-Emmanuel commanda le 3e régiment français de zouaves. Le régiment s'était déployé en tirailleurs, Victor-Emmanuel sans souci du danger se plaça au premier rang.

Sire, retirez-vous, s'écria le colonel de Chabron ; ce n'est pas ici votre place.

Le Roi répondit :

Dans le danger ma place est au milieu des miens, et, vous êtes les miens aujourd'hui !

Les zouaves se jettent à l'eau, traversent le canal Cascina pour se précipiter à la baïonnette sur les canons autrichiens. Victor-Emmanuel les suit à cheval, et, comme les zouaves veulent l'arrêter. il leur crie « laissez, mes amis, il y a ici de la gloire pour tout le monde ! »

C'est à la suite de ce glorieux fait d'armes que le Roi Victor-Emmanuel, qui avait fait preuve d'une rare bravoure, fut nommé caporal de zouaves, grade qu'il accepta avec joie. Le soir, le colonel de Chabron apporta au Roi populaire, le diplôme de caporal.

Vous êtes le régiment incomparable, répondit le Roi.

Victor-Emmanuel se montra si vaillant soldat, au cours de la lutte, qui, avec l'aide de la France, devait aboutir à l'indépendance italienne, que, lors de sa visite à Paris, Napoléon III, attacha sur la poitrine du Roi de Piémont, devenu Roi d'Italie, la médaille militaire, en lui disant : nul n'est plus digne de la porter que Votre Majesté.

Le Roi Victor-Emmanuel II restera une des plus grandes et des plus nobles figures de l'histoire italienne.

Le 20 mai 1911, on a remis au Musée de l'Armée, qui est aux Invalides à Paris, le glorieux drapeau du 3e régiment de zouaves, qui a été décoré de la médaille d'or de la valeur militaire de Sardaigne par le Roi Victor-Emmanuel pour la brillante conduite du régiment au combat de Palestro en 1859. Cette glorieuse relique de la Patrie, est en outre décorée de la Légion d'honneur qui lui a été attribuée pour la prise d'un drapeau mexicain.

Le Roi Victor-Emmanuel III, a fait don à ce régiment, du portrait de son aïeul.

Le drapeau du 3e zouaves a une histoire, au combat de San-Lorenzo (Mexique) en 1863.

Ce drapeau fut sauvé par le sous-lieutenant Ducos après les batailles de Frœschwiller et de Sedan.

Ce trophée, qui a été remis en état, porte le nom des victoires de Constantine (1837), Nouzaïa (1840), Isly (1844), Alma (1854), Inkermann (1854), Traktir (1855) et Sébastopol (1855).

Ce drapeau, que le 3e zouaves a illustré dès la formation du régiment, à Phillippeville, au mois de mars 1852, rappelle les brillants exploits du régiment depuis la fameuse journée de Palestro et le combat de San Lorenzo, où il fut décoré de la Légion d'honneur. Il porte dans ses plis les noms des plus glorieux combats : Sébastopol, Kabylie, Palestro, San Lorenzo, Extrême-Orient. En 1870, il tomba aux mains de l'ennemi; mais dans une charge farouche, où ils laissèrent deux cents des leurs sur le terrain, les zouaves franchirent les rangs prussiens et reprirent l'étendard, emblème de vaillance, qui les avait si souvent conduits à la victoire.

Les Dates glorieuses de la Campagne d'Italie

20 mai	1859,	victoire de Montebello.
30 et 31 mai	»	victoire de Palestro.
»	»	victoire de Marignan.
2 juin	»	victoire de Turbigo.
4 juin	»	victoire de Magenta.

J'ai tenu à rappeler ici le souvenir des jours glorieux pendant lesquels l'âme française et l'âme italienne se confondirent sur les champs de bataille.

Pour aller secourir l'Italie, et lui faciliter la réalisation de son rêve, l'Unité Italienne, la France dépensa pour la campagne d'Italie, 300 millions, l'Italie 177.

Ce n'est qu'avec ces énormes sacrifices d'hommes et d'argent que l'Italie fut faite, et aussi grâce à la générosité de la France qui vola au secours de sa sœur latine.

Voilà ce que Crispi et Depretis, qui furent des ennemis de la France, et la cause initiale de la rupture entre les deux peuples, avaient oublié !

S'il y a en Italie des partisans de Crispi, il y en a un bien plus grand nombre dont les sympathies vont à la France, ceux-là se souviennent, et disent qu'on ne peut pas travestir la vérité, dénaturer les faits, renier des traditions. Ils disent que c'est la France qui a fait l'Unité Italienne, et que c'est à la France que l'Italie doit son prestige, sa grandeur, sa richesse et sa puissance.

Ma randonnée à travers l'Italie terminée, accablé par la chaleur, déprimé par la fatigue, je suis venu me reposer à Chamonix où j'ai trouvé les délices de Capoue.

Chamonix, et le roi des Alpes

Les sites verdoyants des Alpes, les excursions alpestres, les bois de sapins odoriférants, la frondaison luxuriante que l'on rencontre partout, l'Arve torrentueuse qui maintient une fraîcheur agréable, le Brévent avec ses arêtes dentelées, les Alpes avec leurs cimes neigeuses, le Mont Blanc, ce roi des Alpes dont les cimes argentées sont d'une imposante majesté, la mer de glace avec ses coulées bleuâtres, les glaciers des Bossons, et d'Argentière, font de Chamonix la station estivale idéale.

Chamonix, est le pays de la légende, la vallée du rêve, nulle autre contrée n'offre aux touristes avides de repos, amateurs de fraîcheur, les mêmes charmes, ni les mêmes satisfactions de la vue. Les alpinistes y trouvent des jouissances infinies en parcourant les flancs des montagnes dont ils pénètrent les mystères en affrontant les cimes recouvertes de neiges immaculées.

Le Mont Blanc avec ses neiges éternelles, que seul l'aigle pouvait autrefois contempler est devenu le rendez-vous des alpinistes passionnés qui considèrent Chamonix comme la première station estivale du monde.

J'ai eu l'idée de descendre au grand hôtel des Alpes et je me félicite de mon choix.

L'hôtel des Alpes, tenu par ses propriétaires M. et Mme Lavaivre-Klotz, est le premier hôtel de cet Eden enchanteur. On peut du grand jardin ombragé qui l'entoure, contempler à son aise, le Mont Blanc qui étale majestueusement son imposant sommet neigeux.

A midi on y jouit d'une température délicieuse, grâce à la fraîcheur produite et entretenue par l'Arve qui coule avec impétuosité au bas du jardin, détruisant ainsi l'ardeur des rayons solaires.

L'hôtel des Alpes installé avec un confort moderne est administré d'une manière remarquable ; la table y est le *nec plus ultra*, la cuisine succulente aurait fait les délices de Lucullus et de Brillat-Savarin.

L'hiver ne manque pas de charmes à Chamonix. Le skis, le patinage, le bobsleigh et le luges y sont devenus les sports favoris. De tous côtés des amateurs viennent y séjourner.

La vallée de Chamonix est un des points les plus fréquentés de la France. Chamonix visité tous les ans par plus de 200.000 étrangers lutte avec la Suisse.

La solidarité est la qualité maîtresse des Suisses : c'est elle qui les a guidés pour organiser la réception des visiteurs. Prenons exemple sur eux et nos Pyrénées, nos Alpes dont les sites rivalisent avec ceux de la Suisse seront plus visités, et Chamonix prendra un essor considérable.

A Paris, la colonie italienne a célébré avec éclat et enthousiasme le cinquantenaire de la constitution du royaume d'Italie.

Le 4 juin une conférence eut lieu à la Sorbonne, sous la présidence du distingué ambassadeur d'Italie, Son Excellence M. Thomas Tittoni, fils du grand patriote romain, Vincent Tittoni, qui, dès 1848, conspira et combattit pour la cause de l'Italie.

Le sénateur italien, M. Pullé, a prononcé un discours des plus éloquent et adressé un salut à

Paris, foyer glorieux de la civilisation mondiale.

Dans l'après-midi, il y eut une brillante réception à l'Ambassade d'Italie, où Mme Donna Bice Tittoni fit les honneurs de son salon avec le charme et la grâce qui la distinguent.

Le banquet fut présidé par Son Excellence, M. Tittoni, qui prononça un discours très applaudi.

L'ambassadeur d'Italie mit en relief tous les progrès faits par l'Italie depuis cinquante ans, moralement et économiquement.

Ne pouvant être à Rome, où a lieu l'apothéose du fondateur de la patrie, il s'y est transporté par l'imagination. Il a revu par la pensée la fondation de la glorieuse cité ; il l'a revue à l'apogée de sa puissance, sous l'empire romain ; il s'est plu ensuite à se l'imaginer telle qu'elle devait être en ce jour où les aéroplanes venant de France y venaient rehausser les fêtes commémoratives de l'éclat des découvertes nouvelles.

M. Tittoni a terminé en buvant au Roi d'Italie et au président de la République française.

Rome, Turin, Paris ont glorifié le cinquantenaire de la proclamation de l'Unité Italienne, et acclamé avec enthousiasme le monarque bien-aimé Victor-Emmanuel III qui préside avec autant de sagacité que de loyalisme aux destinées glorieuses de l'Italie sœur et amie de la France.

L'apothéose de l'Italie

L'Italie, et son Roi bien-aimé, ont dans la journée du 27 mars 1911, affirmé solennellement et triomphalement l'Unité Italienne assez jeune pour garder son ardeur, assez féconde pour légitimer sa fierté. C'est toute l'Italie, qui en ce jour mémorable a monté au capitole avec le roi Victor Emmanuel III.

Le petit-fils du grand Roi, a salué avec émotion l'anniversaire du cinquantenaire de l'Unité Italienne, qui pour nous autres Français est aussi un anniversaire mémorable.

Les monarques alliés ou amis ont pu faire au Roi d'Italie des beaux compliments, mais seule notre France pouvait avoir cette politesse de l'envoyer saluer par les fils des nôtres qui furent tués pour libérer son peuple.

Le Roi Victor-Emmanuel III a dû apprécier la qualité de ce souvenir qui lui rappelait la part prise par la France à la libération de sa patrie envahie par les Autrichiens.

Le cinquantenaire de l'Unité Italienne que Rome, la Ville Eternelle, a commémoré avec enthousiasme et tant d'éclat, est l'apothéose de la résurrection de l'Italie. En fêtant comme il convenait ce glorieux anniversaire, le gouvernement italien a fait revivre la mémoire des hommes illustres qui par leur génie et leur civisme arden ont travaillé sans relâche à l'émancipation, à la grandeur de leur patrie. Victor-Emmanuel, Manin, Mazzini, Cavour, Garibaldi, incarnaient l'amour de la patrie. Tous voulaient l'Italie grande, forte, prospère et glorieuse, leur but est atteint. Ces patriotes qui avaient foi dans les destinées de leur Patrie, resteront dans l'histoire, les plus grandes figures de la nation.

Cinquante années de labeur, de prudence, de confiance, de stabilité et de sagacité ont éprouvé la solidité des fondations nouvelles et Rome est devenue la capitale de l'Italie.

La France qui a contribué à la fondation de l'Unité Italienne, salue avec joie l'épanouissement de sa sœur latine, et est heureuse de ses succès.

Entre la France et l'Italie, il y a une attraction plus forte que les alliances diplomatiques.

Il y a l'alliance des cœurs, que rien aujourd'hui ne pourrait détruire.

L'Italie actuelle sous l'égide d'un monarque libéral, doué de grandes facultés, d'un esprit profond, d'une sagacité appréciée, marche à pas de géant dans la voie brillante qui lui a été tracée par le Roi Victor-Emmanuel II, et je prédis que le règne de Sa Majesté Victor-Emmanuel III, sera un grand règne qui assurera la puissance de l'Italie, notre amie, en attendant qu'elle devienne notre alliée.

De jour en jour les liens se resserrent davantage,

l'ère de paix et de prospérité qui souffle sur la France et l'Italie n'y est pas étrangère.

L'art, le commerce et l'industrie, en sont les principaux facteurs.

Sa Majesté la Reine Marguerite, Reine Douairière d'Italie

J'ai eu la bonne fortune de voir à Rome Sa Majesté la Reine Marguerite, mère du roi. On sait quel charme irrésistible Elle exerçait à la Cour d'Italie ; sur ses lèvres, qui ont maintenant le pâle et doux éclat d'une rose d'automne, le sourire qui apparaît semble être le souvenir d'un rire d'autrefois. Ses cheveux blonds qui portèrent si majestueusement la couronne royale, sont devenus argentés. Son cœur accessible à toutes les douleurs est le sanctuaire de la charité.

La veuve du Roi Humbert Ier avait le don de faire naître l'admiration sur ses pas. Sa vie faite d'abnégation et de dévouement resplendira dans l'histoire de la maison de Savoie.

Sa Majesté la Reine d'Italie

La gracieuse Reine Hélène qui porte si majestueusement la couronne de Savoie, est douée de toutes les vertus qui sont l'apanage des âmes d'élite. Elle professe la charité avec une incessante sollicitude la considérant comme un des devoirs impérieux de la souveraineté.

Sa bonté est exquise, sa grâce infinie, Elle exerce autour d'Elle une attraction mystérieuse, et est l'idéalité de toutes les vertus.

Lors de sa visite à Paris, la jeune Souveraine a su par le charme de sa grâce conquérir le cœur de tous les Parisiens.

Sa Majesté la Reine Hélène est douée d'un profil remarquablement beau, d'un teint transparent. Le front nimbé d'une chevelure noire, soyeuse, ses yeux d'une flamme vive ajoutent un charme particulier à son regard si doux. L'âme qui parle dans ces yeux en exprime toute la sincérité.

Jamais front n'a été mieux fait pour ceindre la couronne.

La Reine Hélène est très instruite. Elle connaît les sciences, les arts, la littérature, est bonne musicienne et parle très bien le français.

C'est pendant le tremblement de terre de Messine que la jeune Souveraine s'est auréolée de gloire, son départ précipité sur les lieux de la catastrophe, son geste de compassion à l'égard des victimes, les soins empressés qu'Elle prodigua aux blessés, les paroles réconfortantes qu'Elle adressa aux mourants, firent l'admiration du monde entier qui trouva superbe le geste de charité chrétienne qu'Elle accomplissait avec autant d'abnégation que de dévouement. Sa popularité déjà si grande en Italie s'est encore accrue.

Le peuple reconnait en sa bien-aimée Souveraine, une créature d'élite qui, dans les heures d'angoisse, écarte l'effroi, exerce tous les pouvoirs, et incarne toutes les vertus de la nation.

La Reine Hélène est la bienfaitrice des malheureux, la consolatrice des affligés, aucune détresse ne la laisse indifférente et une de ses plus pures joies est de faire le bien autour d'Elle.

Elle s'enquiert personnellement de ceux qui ont besoin d'assistance, veille avec une sollicitude touchante à ce que l'argent donné aille bien à ceux auxquels il est destiné. Cette bonté exquise a pour écho la reconnaissance populaire.

Cette jeune Reine continue les nobles traditions de la maison de Savoie qui, à travers les siècles ont apporté le bonheur à la royauté, le contentement à leur peuple et l'honneur à leur nom. Sa Majesté la Reine Hélène est le radieux soleil de l'Italie.

Sa Majesté le Roi Victor Emmanuel III, est un souverain débonnaire, dont l'âme est généreuse.

Doué d'un esprit cultivé, d'une clairvoyance profonde, d'une bienveillance attendrie et d'une bonté rare.

Erudit consommé, Il a la science de l'histoire, une connaissance approfondie des choses, et s'intéresse aux lettres, aux arts et aux sciences.

Le Roi, numismate passionné, est possesseur

d'une collection très importante de toutes les monnaies frappées en Italie et à l'étranger.

Sa courtoisie charme son entourage. Il est adoré de son peuple, qui voit en son souverain bien-aimé, le digne continuateur de l'œuvre élaborée par son aïeul, Victor-Emmanuel II.

Le Roi d'Italie saura donner à sa patrie une ère de prospérité et de grandeur. Son règne sera auréolé de gloire.

C'est le 24 octobre 1896 que le roi a épousé la princesse Hélène de Monténégro, née à Cettigné le 8 janvier 1873. Quatre enfants, dont un garçon, sont issus de ce mariage. Les trois princesses et le prince, beaux comme des anges, font la joie du couple royal d'Italie.

L'Italie, mère du génie, patrie des arts, est l'éducatrice des belles âmes ; c'est dans la Rome antique que nos jeunes peintres vont s'inspirer, s'élargir l'esprit, s'idéaliser les idées en s'imprégnant de beauté. On va dans la grande cité romaine contempler les chefs-d'œuvre de l'art que les siècles y ont accumulés, et porter au génie latin l'hommage de la gratitude que lui doivent les générations françaises.

Evviva Il Re
Evviva la Regina Elena
Evviva l'Italia.

Philippe Deschamps,
Membre du Comité et trésorier de la Ligue Franco-Italienne de Paris.

Table des matières

LAVAL. — IMPRIMERIE L. BARNÉOUD ET Cie.

DU MÊME AUTEUR

L'Amitié Franco-Italienne

L'ALLIANCE DES CŒURS

L'Italie à travers les Ages

La quatruple Entente Cordiale

FRANCE-ANGLETERRE-RUSSIE-ITALIE

L'Alliance Franco-Italienne

La Nouvelle Triplice

FRANCE-RUSSIE-ITALIE

LAVAL. — IMPRIMERIE L. BARNÉOUD ET Cie

www.ingramcontent.com/pod-product-compliance
Ingram Content Group UK Ltd.
Pitfield, Milton Keynes, MK11 3LW, UK
UKHW020342230726
13925UKWH00003B/914

9 782013 677790